Los doce códigos del amor

ELVA ABRIL

Los doce códigos del amor

Sana tus heridas y encuentra
pareja con la ayuda de la astrología

Grijalbo

Primera edición: septiembre de 2022

© 2022, Elva Abril
https://elvaabril.com/
Autora representada por Sandra Bruna Agencia Literaria, S. L.
© 2022, Penguin Random House Grupo Editorial, S. A. U.
Travessera de Gràcia, 47-49. 08021 Barcelona

Printed in Spain – Impreso en España

ISBN: 978-84-253-5911-8
Depósito legal: B-11.894-2022

Compuesto en M. I. Maquetación, S. L.

Impreso en Romanyà Valls, S. A.
Capellades (Barcelona)

GR 5 9 1 1 A

A Ferran, porque entrar a tomar aquel té
fue la mejor decisión de mi vida

Te quiero universos enteros

ÍNDICE

PRÓLOGO

Hace unos años empecé a montar mi proyecto laboral. Un proyecto que ahora atraviesa momentos dulces pero que me ha costado sudor y lágrimas levantar de la nada.

En esos primeros momentos buscaba cualquier tipo de *mentoring* o consejo empresarial que pudiese ayudarme a crear y a hacer crecer mi nuevo negocio. Yo no venía del mundo de la empresa, así que no tenía ni la más remota idea de cómo proceder, solo sabía que aquello me estaba costando demasiado.

Te preguntarás por qué te cuento esto si este libro va sobre la pareja. Ten paciencia, todo llegará.

Un día de primavera me dirigí a trabajar a una tetería del barrio de Gràcia de Barcelona donde escritores y gente del desarrollo personal se reúnen en plan coworking. Allí estaba Elva. Yo no sabía cuál era su profesión, solo que era una de los habituales que nos tomábamos un té allí mientras tecleábamos como locos en nuestro portátil.

No recuerdo muy bien cómo fue la cosa, la verdad, pero ese día le hice una pregunta sobre mi negocio a un chico que se sentaba a su lado y Elva saltó diciendo: «Te lo puedo mirar en tu carta natal; si quieres te ayudo». Con esa frase empezó una amistad que se convertiría en mucho más, pero, calma, no quiero hacerte spoiler.

«Mi carta natal Lo del zodiaco, vaya. No creo en estos temas», pensé de inmediato. Pero mientras Elva analizaba una misteriosa rueda me dijo dos o tres cosas que me sorprendieron mucho. Así que al llegar a casa, decidido a dejar tranquilo a mi ego, me puse a investigar y di con varios artículos que hablaban sobre el efecto Forer.

Copio aquí lo que dice la Wikipedia:

> El efecto Forer (también llamado falacia de validación personal o efecto Barnum, por P. T. Barnum) en psicología se refiere al fenómeno o evento que ocurre cuando los individuos dan altos índices de acierto a descripciones de su personalidad que supuestamente se adaptan específicamente para ellos, pero en realidad son vagas y lo suficientemente genéricas como para aplicarse a una amplia gama de personas. Este efecto puede proporcionar una explicación parcial de la aceptación generalizada de algunas creencias y prácticas, tales como la astrología, la adivinación, la lectura del aura y algunos tipos de test de personalidad.

Esto podría ser lo que había hecho Elva. Pero yo quería ir más a fondo y conocer de primera mano si había información que podía extraerse de la posición de los astros o si todo eso era una pantomima.

Así que ni corto ni perezoso le pedí una sesión. Me dio hora para al cabo de unas semanas. Y en esa consulta me habló absolutamente de todo. De mis potenciales, de mis debilidades, de mis relaciones, de mis temas con el dinero..., de todo, vaya. Y mientras ella hablaba, mi mente repetía «Efecto Forer, efecto Forer». Pero ya en esa sesión hubo cosas que no encajaban con dicho efecto. En ningún momento me decía cosas como «Tú eres así» o «Tienes que hacer esto», sino que me proponía maneras de avanzar en mi camino adaptadas según mi carta. Y además su vocabulario era comprensible para una mente escéptica y novata como la mía.

Salí de la sesión con un montón de información que debía poner en su sitio. Así que, al más puro estilo Sherlock Holmes, me puse a meditar tumbado en el sofá mientras, como si de una biblioteca se tratara, ordenaba esos nuevos libros en mi cabeza.

Y de repente caí en otro párrafo que había leído:

El efecto Forer es muy consistente cuando las descripciones son vagas. Las personas leen las descripciones aplicándoles su propio significado subjetivo, por ello esa descripción se percibe como «personal» (por ejemplo, «a veces te sientes seguro de ti mismo, mientras que otras veces no»). Esta frase se puede aplicar a casi todo el mundo, y cada persona la leerá interpretándola para sí misma.

Y dije: «Tate, aquí está la trampa». Pero Elva hace una cosa muy bien, hace muchas, la verdad, pero una de ellas es grabar la sesión en audio y mandarla para que la escuches las veces que quieras. Así que, libreta en mano y con mis mejores auriculares en las orejas, estaba decidido a intentar descubrir dónde estaba la trampa. Tengo que aclarar que mi motivación venía porque, como ya habrás imaginado, la lectura de la carta que Elva me había hecho era impresionante: lo clavaba todo.

Enseguida me di cuenta de que las descripciones no eran vagas ni subjetivas, no hablaba en términos absolutos sino personalizados: resolvía los problemas concretos con los que me estaba encontrando en el negocio. No me habló de energías, ni de rituales ni de nada parecido, solo me dio consejos pragmáticos para desenredar mis nudos internos. En ese momento vi que Elva hace astrología con los pies en el suelo, pero muy en el suelo.

Pasado un tiempo volví a contactarla. Mi negocio había crecido y quería ficharla para que diera una clase. Mi mente se había abierto y, al igual que tenía una clase de neurociencia y dos psicólogas trabajando para mí, ¿por qué no incluir una asignatura de astrología? Había entendido que todas las herramientas son útiles si ayudan a alguien a ser más feliz.

Unos cuantos cursos y clases después me enteré de que Elva era especialista en temas de pareja, y no sé muy bien cómo empezamos a hablar sobre el asunto. Yo venía de una relación muy tóxica y deseaba que la que viniera luego fuese excelente, así que necesitaba descubrir en qué debía mejorar.

Aprendí mucho sobre cómo tener una relación de pareja maravillosa, pero sigo aprendiendo todos los días, porque Elva se ha convertido en mi maravillosa pareja. Antes yo pensaba que eso no podía existir, pero en los años de relación que llevamos, con niños en casa y una empresa conjunta, jamás hemos tenido una crisis, jamás una discusión fuera de tono. Nos queremos de una manera sana, hablamos, discrepamos y nos ponemos de acuerdo. Yo creía que el amor de verdad no existía, que era un invento de Disney. Elva me ha hecho cambiar de idea.

Estoy seguro de que este libro cambiará tu vida en pareja y te ayudará a ser feliz. Al final los problemas en las relaciones se manifiestan en todos los ámbitos de la vida, ¿no crees?

Nos vemos al otro lado.

Un fuerte abrazo,

FERRAN CASES

EL DÍA QUE DESCUBRÍ
QUE NO PODÍA ESTAR EN PAREJA

Cuando tenía doce años decidí que quería ser actriz. Lo sentí el día que vi a Penélope Cruz recogiendo el Goya. Me imaginaba como ella haciendo de Macarena en *La niña de tus ojos*, bailando, llorando, en el papel de mi vida. Y, por supuesto, me visualizaba recogiendo un Goya, que si no para qué tanto drama. Total, que le pedí a mi madre que me apuntara a teatro. Y después de un par de papeles en obras de fin de curso, llegó el día en que me tocó hacer de sardina (literalmente, no miento) en mi primera obra. La obra iba sobre los elementos del mar, y cada pez simbolizaba una emoción del ser humano. Muy creativo todo. Me di cuenta de que tenía demasiada vergüenza para realizar aquello y que lo de actriz no era lo mío.

Entonces vi que me gustaba mucho mandar y que lo ideal sería pasarme al otro lado como directora de cine. Pero, visto que los tiempos de los rodajes son muy largos y la paciencia no es mi fuerte, mejor que fuera realizadora de programas de televisión. Estudié Comunicación Audiovisual y antes de terminar la carrera ya estaba haciendo prácticas en la tele pública de Cataluña, donde después estuve trabajando unos cuantos añitos. Con el paso del tiempo tomé conciencia de que mi día a día se basaba en recibir órdenes (y broncas) de los de arriba, corregir grafismos que no estaban bien y editar vídeos de las noticias del día. Lo de mandar, poco.

Con el amor no estaba dispuesta a llevarme otro chasco. Tuve algunas relaciones, la mayoría de ellas muy cortas; creo que la más larga fue con un chico de Vilanova (un pueblo precioso cerca de Barcelona) con el que estuve la friolera de seis meses. En mi mente las relaciones eran maravillosas. Yo era algo así como Julia Roberts en *Pretty Woman* y llegaba un millonario elegante y guapísimo que se enamoraba locamente de mí, yo de él, y todos mis problemas se solucionaban. Por supuesto, la vida real no es así. Los hombres que aparecían me causaban más problemas de los que solventaban.

Hasta que empecé a preocuparme y ocuparme. Me apunté a todos los cursos que encontré, leí todos los libros que pude y probé todas las terapias existentes en este planeta. Hasta que di con la astrología. Al principio era muy escéptica, lo reconozco, pero cuando uno está desesperado, prueba lo que sea. Y me rendí ante lo que vi.

Mi mente estaba deseando tener una pareja, pero mi alma estaba llena de heridas que impedían que pudiera estar realmente abierta al amor.

Ahí lo entendí todo y me puse a trabajar con la información que tenía. Cuanto más aprendía sobre mí, más me fijaba en las parejas de mi alrededor. Ninguna iba bien. La mayoría de mis amigas estaban solas durante largos periodos de tiempo o mantenían relaciones que no funcionaban, pero no querían salir de ellas.

Y ahí vi que tenía que compartir lo que estaba aprendiendo. Me formé como astróloga y terapeuta de pareja, y empecé a pasar consulta a diario. A día de hoy he atendido a miles de personas y sigo comprobando que las relaciones son el terreno más complicado. Y es que en la vida todo es cuestión de relaciones. Empezando por la que tenemos con nosotros mismos y acabando por las que mantenemos con las parejas o los clientes.

En este libro compartiré contigo los doce posibles patrones emocionales para trabajar según la astrología. En una carta natal analizamos la Luna para ver las heridas infantiles. Esta Luna nos informa de su estado de varias maneras. El signo en el que está nos da una información, pero también nos la da la casa en la que se encuentra, los planetas que estén pegados a ella (si tiene), los planetas que estén en tensión con ella, etcétera. La carta natal es el chivato de lo que hay, es una herramienta de diagnóstico perfecta.

Si lees los doce patrones que te propongo, tal vez te veas reflejado en dos, en cuatro o en siete. No hay una norma. Pero nadie tiene solo uno, porque la Luna no está suelta, como mínimo está en un signo y una casa. No te preocupes, te lo contaré todo con detalle más adelante.

Lee los doce y analiza cuáles hablan de ti y cuáles no. Encuentra tu propia combinación, única e intransferible, que te abrirá las puertas del amor, como me las abrió a mí.

A los pocos años encontré a mi Richard Gere en una tetería del barrio de Gràcia de Barcelona. Mucho mejor que el de la peli, ¡dónde va a parar! Él venía de una relación larga y difícil que le había llevado a psicoanalizarse y a cerrar cada una de sus heridas, y yo había hecho lo propio, fruto de mi eterna soltería. Veníamos curtidos, con callos en el corazón; habíamos creado la situación perfecta para poder encontrarnos. Ni antes ni después, aquel era el momento: estábamos preparados para una buena relación. Y aunque *Pretty Woman* termina con la escena del ramo, nosotros seguimos avanzando y hoy tenemos una familia reque-tebonita. Más en plan *Notting Hill*, cuando Julia termina embarazada en la escena del parque.

MANUAL DE INSTRUCCIONES
DE LAS LUNAS

POR QUÉ ANALIZAMOS LA LUNA Y NO VENUS

En una carta natal hay doce signos, doce casas y diez planetas. Cada uno de nosotros tenemos los planetas distribuidos en los signos y las casas, según el día, la hora y el lugar en que nacimos. La carta natal es una foto del cielo en el momento exacto de nuestro nacimiento; el cielo no estaba igual el 13 de marzo de 1979 a las 6:50 en Madrid que el 1 de abril de 1984 a las 5:00 en Nueva York. Y como el cielo no para de moverse, las cartas no paran de variar. Cada uno de nosotros tenemos una carta única e intransferible. Incluso los gemelos nacen con minutos de diferencia.

Cuando analizamos una carta natal establecemos paralelismos entre cada una de estas configuraciones y los distintos patrones psicológicos. Por ejemplo, según dónde y cómo esté Marte, sabremos cómo una persona determinada gestiona la rabia. Asociamos Marte con la acción, y la emoción que le atribuimos es la rabia. Si está en un signo o casa de fuego, saldrá en forma de explosión y, si está en un signo o casa de agua, lo hará de forma más sensible e introspectiva. Esto marcará si la persona es una luchadora nata o si prefiere huir del conflicto. Se entiende, ¿verdad? Pues así iremos procediendo con todos los planetas. Estableceremos equivalencias de su situación en la carta con los patrones psicológicos hasta definir a la persona.

En el terreno de las relaciones, muchos consideran que el planeta del amor es Venus y que, por tanto, para analizar nuestras relaciones tenemos que fijarnos en él. Yo discrepo, considero que lo primero que hay que analizar es la Luna, porque, a mi entender, trasladamos a nuestra pareja lo que no está resuelto con nuestros padres. Louise Glück, poeta estadounidense, dijo: «Miramos el mundo una sola vez, en la infancia; el resto es memoria». No puedo estar más de acuerdo con ella.

La Luna nos habla de las heridas infantiles y de cómo vivimos el primer amor: el de la madre (o persona equivalente), patrón que luego repetiremos en todos nuestros vínculos.

Esto no significa que haya que responsabilizar a nuestra progenitora de cuanto nos pasa en las relaciones, que más de uno habrá encontrado el filón. La Luna la traíamos desde el nacimiento, cuando nuestra santa madre aún no había dicho ni mu. Nacemos con esa mirada predeterminada sobre el mundo, y a través de ella interpretamos lo que nos pasa, por eso podemos ver a dos hermanos con lunas diferentes, según lo que interpreta cada uno.

Una vez recibí en mi consulta a una chica que me contaba que al llegar a casa les daba besos y achuchones a sus hijos y que el mayor le decía que era una pesada, que les interrumpía el juego, mientras que el segundo nunca tenía suficiente y se recreaba en los mimitos de mamá. ¿Les daba pocos o muchos besos? Les daba los mismos a los dos: para uno eran demasiados; para el otro, pocos.

No se trata de juzgar lo que nos hicieron, sino de ver cómo interpretamos lo que pasó.

A partir de ahí generamos creencias base que en la vida adulta tendemos a repetir. La Luna nos da pistas sobre ello. Su signo, su casa y sus aspectos indican cómo damos y recibimos el alimento (físico y emocional). Las primeras relaciones marcan lo que para nosotros es nuestra zona de confort.

Por ejemplo, alguien a quien su madre le gritaba, aunque eso no le gustase, buscará personas que lo traten mal; en su mente, de manera inconsciente, quien le quiere hace eso. Y alguien a quien abandonaron asocia amor con ausencia y, por consiguiente, será un imán para personas que prioricen otras cosas por encima de la relación. Así reafirmamos nuestro patrón principal, que es, para nosotros, terreno conocido.

Si nuestra pareja no valida nuestro patrón principal, la mente no interpreta lo que nos da como afecto y, por tanto, será imposible que nos enamoremos de ella.

Así es como las dinámicas se repiten. Y aún diré más: el patrón inicial también es lo que nos damos a nosotros mismos cuando necesitamos amor. A veces, la mayor ausencia es no atenderse a uno mismo y el peor de los maltratos es el autoinfligido. Lo veremos más adelante en los apartados correspondientes.

La buena noticia es que, aunque llegamos al mundo con una configuración base, todo se puede reprogramar. Los últimos estudios en neurociencia afirman que las conexiones neuronales se pueden alterar. Si bien la neurona A conectaba con la B y daba un resultado C, podemos enseñar a esta neurona A a conectar con la C y dará un resultado distinto. Querida Alaska, lo de «Yo soy así, así seguiré, nunca cambiaré» ha muerto.

El primer paso para sanar nuestra Luna es entender que el hecho de que cierta dinámica sea para nosotros una zona de confort no significa que nos vaya bien. Quien viene de un abandono está habituado a él, pero eso no es sinónimo de que le guste ni es algo que le convenga: significa que es lo que conoce y eso atraerá, puesto que atraemos lo que somos y no lo que queremos.

**Nuestra zona de confort nos da seguridad,
pero no tiene por qué darnos felicidad.
Por eso es tan importante identificarla y,
si es necesario, cambiarla.**

Es fundamental entender que si hasta ahora hemos atraído un tipo de relación es porque nosotros éramos eso. Quien permite que el otro esté ausente es porque él está profundamente ausente para sí mismo y atrae a alguien que repite lo que él emite. Es posible que hayas leído esto y te haya explotado la cabeza, pero cuando lo comprendas y lo apliques a tu vida, lo habrás entendido todo y el éxito estará asegurado. Podrás atraer lo que quieras.

Es imprescindible que tomemos conciencia de nuestros patrones lunares, incluidos los planetas que interactúan con ellos. Así podremos cambiarlos si nos conviene y, entonces sí, acceder a Venus. La diosa Afrodita es un planeta adulto que rige el intercambio en equilibrio. Pero si estamos heridos por todos lados nos vinculamos por nuestra necesidad de protección, desde el miedo, desde la repetición de patrones, desde la Luna. Es fácil enamorarnos de alguien que le ponga una tirita a nuestro niño herido. Pero si hemos tomado conciencia de ello y lo hemos trabajado, podremos elegir de manera libre y adulta con quién queremos relacionarnos, porque ya no necesitamos que nadie cure nada. Cuando las heridas están abiertas, mandan ellas; cuando están cerradas, mandas tú, y entonces y solo entonces puedes elegir con quién quieres estar.

Y aquí empiezan las buenas relaciones, en las que nadie sana a nadie, sino que ambos miembros de la pareja forman un equipo. En términos astrológicos diremos que hasta que no sanemos la Luna (apego infantil) no accederemos a Venus (intercambio adulto).

CÓMO CALCULAR LA CARTA NATAL

Lo primero que necesitas tener delante es tu carta natal. Y sí, carta astral y carta natal es lo mismo. Si me hubieran pagado dinero cada vez que me lo han preguntado estaría escribiendo este libro desde las Bahamas. Esta y la pregunta de los gemelos son las más recurrentes. Pero esta última la dejo para cuando escriba un libro sobre niños.

**Para saber cuál es tu Luna no debes
mirar el mes en el que has nacido.**

Cuando decimos que somos un signo u otro estamos hablando del Sol. Con la Luna las cosas no funcionan igual, puesto que cambia de signo cada dos días y medio. Por tanto, uno puede ser Tauro pero tener la Luna en cualquiera de los signos. No es algo que se pueda saber de memoria, sino que se debe calcular con un programa informático. Basta con que pongas en internet «Calcular carta natal» y encontrarás porrocientas webs. Introduce tus datos de nacimiento y obtendrás el gráfico de tu carta.

CÓMO ANALIZAR TU CARTA NATAL

En astrología existe una tríada básica: a cada signo le corresponde una casa y un planeta. Por ejemplo, al signo de Aries, que es el primero, le corresponde la casa 1 y el planeta Marte. A Tauro le corresponde la casa 2 y el planeta Venus, y así sucesivamente con todos los signos. Todos tienen una casa que les equivale y un planeta que les rige. Tener la Luna en Géminis o en la casa 3 es equivalente.

La mayoría de las personas que se ponen a analizar un planeta en su carta, por ejemplo la Luna, dan la mayor importancia al signo. «Yo tengo la Luna en Tauro y mis relaciones son así o asá», dicen como si me estuvieran descifrando el mapa del tesoro; no tienen en cuenta que quizá esa Luna está en Tauro pero en la casa de Aries y conjunta al planeta de Capricornio, y eso cambia toda la ecuación. Quienes solo analizan el signo, hacen un balance superficial de la situación, por eso llevan años analizando su Luna sin apenas obtener resultados. El análisis es incompleto, y así la sanación resulta imposible.

Por otra parte, no todas las cosas que afectan a un planeta, la Luna en este caso, intervienen con la misma fuerza. Y esto es importantísimo. Tenemos que establecer jerarquías, y el signo no es lo primero. El signo en el que está la Luna no tiene por qué informarnos de una herida emocional; unas veces tal vez lo haga, otras no. En mi experiencia, el signo solo informa de algunas características que tiene esa Luna, pero el verdadero indicador de la existencia de una herida es la presencia de otro planeta en tensión.

Veamos un ejemplo. Si la Luna está en Capricornio, signo del deber, nos puede indicar que la persona en cuestión ha aprendido a hacerse cargo de sus emociones sin ayuda de otros y que se siente cómoda asumiendo responsabilidades. Esta sería una explicación sobre el signo de Capricornio, una característica de esa persona que no le causa problemas en las relaciones. En cambio, que alguien tenga la Luna conjunta a Saturno, el planeta regente de Capricornio, sí puede indicarnos que esa persona tuvo que hacerse mayor antes de tiempo, gestionar cargas que no le correspondían, y que ahora teme relacionarse por miedo a que eso signifique otro peso que sostener. ¿Se entiende la diferencia? En el primer caso solo había el signo de Capricornio y nos indicaba una característica de la personalidad; en el segundo había tensión con el planeta de Capricornio, y ahí sí existía una herida asociada. Da igual que esta última Luna esté en un signo u otro, si hay tensión con un planeta, este eclipsa el resto de la información.

**El signo en el que está la Luna
solo proporciona atributos; es la presencia
de un planeta en tensión lo que
nos indica que hay una herida.**

Como ves, no hay que fijarse tanto en los signos o las casas, aunque también. No digo que no añadan una información valiosa, pero si queremos sanar, primero tendremos que buscar los indicadores traumáticos y centrarnos en los planetas que estén en aspecto tenso con la Luna.

¿Y qué es un aspecto tenso? Existen tres. Al primero lo llamamos «conjunción», y se da cuando un planeta está pegadito a la Luna. Se identifica porque se marca una línea roja entre los dos planetas cuando están a menos de 10 grados. En este ejemplo la Luna está a 11 grados y Saturno a 13; como entre ellos hay menos de 10 grados, se crea una conjunción. En una carta es muy fácil verlo porque ambos planetas están juntos, como en esta ilustración.

CONJUNCIÓN

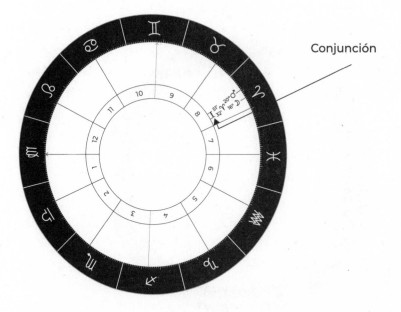

Conjunción

Un segundo aspecto tenso es la cuadratura. Esta tiene lugar cuando entre la Luna y el otro planeta se crea un ángulo de 90 grados. Se ve porque se forma una línea roja corta. También le daremos un margen de 10 grados por arriba o por abajo. Si esto último te lía mucho, simplemente comprueba si se forma la línea roja. En caso afirmativo, es que hay una cuadratura; si no se forma, nada.

CUADRATURA

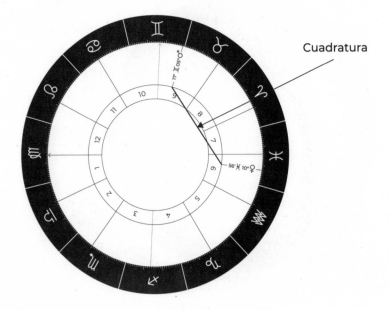

Cuadratura

El último aspecto tenso es la oposición. Se crea cuando el otro planeta está justo al otro lado de la Luna o, dicho de otra manera, a 180 grados. Se marca con una línea roja larga. También le daremos un margen de 10 grados.

OPOSICIÓN

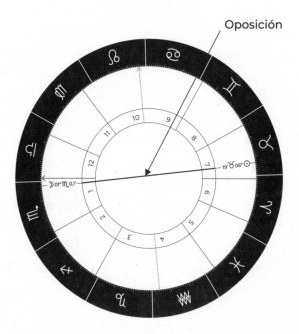

En resumen: si quieres analizar tu Luna, puedes mirar el signo o la casa en la que la tienes y analizar el apartado correspondiente, pero lo verdaderamente importante es que observes si tiene líneas rojas en relación con uno o varios planetas, y, si es así, ya puedes coger el subrayador.

Todavía falta un paso más. Si tu Luna tiene planetas en tensión, tendrás que ver a qué signo equivale ese planeta para que puedas localizar en estas páginas el apartado que te conviene consultar.

He aquí el cuadro de equivalencias.

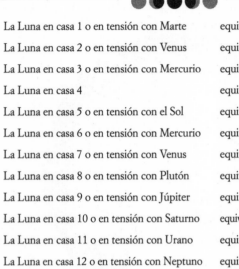

La Luna en casa 1 o en tensión con Marte	equivale al signo de Aries
La Luna en casa 2 o en tensión con Venus	equivale al signo de Tauro
La Luna en casa 3 o en tensión con Mercurio	equivale al signo de Géminis
La Luna en casa 4	equivale al signo de Cáncer
La Luna en casa 5 o en tensión con el Sol	equivale al signo de Leo
La Luna en casa 6 o en tensión con Mercurio	equivale al signo de Virgo
La Luna en casa 7 o en tensión con Venus	equivale al signo de Libra
La Luna en casa 8 o en tensión con Plutón	equivale al signo de Escorpio
La Luna en casa 9 o en tensión con Júpiter	equivale al signo de Sagitario
La Luna en casa 10 o en tensión con Saturno	equivale al signo de Capricornio
La Luna en casa 11 o en tensión con Urano	equivale al signo de Acuario
La Luna en casa 12 o en tensión con Neptuno	equivale al signo de Piscis

Habrás visto dos curiosidades.

La primera es que al signo de Cáncer no le he asociado ningún planeta. Esto es porque se rige por la propia Luna, y nadie puede tener la Luna conjunta a la Luna porque eso equivaldría a tener dos lunas en una carta, algo imposible.

La segunda es que algunos signos comparten planeta regente (por ejemplo, Venus rige tanto a Tauro como a Libra, y Mercurio es regente de Géminis y Virgo al mismo tiempo). Si, por ejemplo, tienes la Luna en tensión con Mercurio o Venus, te animo a que leas ambos signos y busques con cuál te identificas más. O que simplemente sumes los dos a tu ecuación. Tú eliges.

Si todo esto se te hace una bola monumental, tengo buenas noticias. Hay otra forma de trabajar este libro. Puedes leer todos los signos y reflexionar sobre cuáles hablan de ti y cuáles no. A veces tenemos patrones adquiridos del entorno, y hay otras posiciones que afectan a las relaciones de pareja, como los planetas en la casa 7, los dispositores, los grados de dodecatemoria de la Luna y otras mil y una cosas que no vamos a trabajar aquí porque este libro acabaría siendo una tesis doctoral aburridísima.

Antes he dicho que una persona puede tener cuatro, cinco o seis patrones, pero no es posible tenerlos todos, y tampoco es posible no identificarse con ninguno. Todos somos humanos y tenemos las mismas emociones, pero en grados diferentes. Seamos capaces de diferenciar lo que sentimos como seres emocionales que somos y de identificar una herida real o un patrón de repetición que interfiere en nuestros vínculos.

Lo más provechoso tal vez sea leer los doce patrones y analizar cuáles hablan de nuestras heridas y cuáles no. Y a partir de aquí sumar los que nos conciernen y ponernos manos a la obra. Tan sencillo como eso.

QUÉ SIGNOS AFECTAN A TU LUNA

Para saber qué heridas afectan a una Luna hay que buscar los signos equivalentes a los planetas que están en tensión con ella y trabajarlos uno a uno. Veamos un ejemplo, que eso siempre ayuda.

En primer lugar, miraremos en qué signo está la Luna; por ejemplo, Aries (código 1). Luego añadiremos la casa en la que está (las casas son las 12 porciones en las que dividimos una carta, simbolizadas con números); por ejemplo, la casa 3 (código 3). Después habrá que añadir lo verdaderamente importante: los planetas que interactúan con ella; pongamos que tienes una cuadratura de Plutón (código 8) y una oposición de Neptuno (código 12). El código final de esta Luna sería 1-3-8-12, por lo que tendrías que prestar especial atención a estos cuatro apartados y trabajar lo que allí se propone.

Así pues, si alguien te dice que tiene la Luna en Aries es como si te dijera que es mujer. Es poca información, puesto que no es lo mismo ser mujer en Afganistán que en Nueva York. Y aquí ocurre algo parecido. Tener la Luna en Capricornio, en casa 1 y sin apenas aspectos es completamente diferente de tenerla en idéntico signo pero en casa 8, con Plutón y dos planetas más en tensión. La ecuación cambia de manera radical.

¿Comprendes ahora por qué preguntar el signo del horóscopo a alguien no sirve para casi nada?

RED FLAGS (BANDERAS ROJAS)

A continuación te advertiré de una serie de aspectos que es importantísimo que tengas en cuenta. Por favor, no te saltes este apartado ni lo leas en diagonal. Sé que es un poco corta rollos, pero el buen entendimiento de este libro se basa, en parte, en esto.

1. **No hay verdades absolutas.** Te voy a explicar conceptos que espero que te ayuden a ver aspectos de ti que no conocías o

que necesitabas reafirmar, pero no te tomes nada como una verdad absoluta. Cuando hablamos de personas, hay tantas variables como gente en el mundo. Esto no es una ciencia exacta en la que uno más uno siempre suman dos. Lo que escribo está basado en mi visión y mi experiencia. Para poder explicarlo, tengo que agrupar y, en algunos casos, generalizar. Te animo a que encuentres tus matices, llegues a tus propias conclusiones y descartes lo que no te sirva.

2. No proyectes. Conocer la Luna (o la carta) de alguien no significa que podamos hacer juicios sobre esa persona. Aunque tú y yo tengamos como emoción básica la tristeza, ni tú ni yo vivimos la tristeza de igual modo. Porque yo no he vivido en tu piel, en tu familia ni en tus circunstancias, ni tú en las mías. Por favor, no creas conocer a alguien por mucho que seas capaz de analizar la Luna en su carta natal. Eso es un error. Lo único que conseguirías es hacerte una imagen preestablecida de esa persona y perderte el gusto de conocerla. Y esto te incluye a ti mismo.

3. No hay ninguna posición más favorable que otra, ni ningún signo mejor que otro. Lo importante no es lo que tienes, es lo que haces con lo que tienes. He visto posiciones aparentemente complicadas con resultados magníficos, y al revés. No etiquetes un arquetipo lunar como más fácil que otro, porque esta jerarquía no existe. Piensa, además, que la carta tiene otros nueve planetas y una serie de elementos que también juegan la partida a favor o en contra.

4. Este libro tiene una función divulgativa. No es una terapia ni un tratamiento para ninguna patología psicológica. Si crees que necesitas ayuda, no dudes en acudir a un profesional de la salud mental.

LUNA EN ARIES Y EL MIEDO A NO PODER HACER

**(Luna en Aries o en casa 1
o en tensión con Marte)**

Quitarse el escudo es el primer paso
para ganar una guerra.

ELVIRA SASTRE

EL CASO DE ANGELINA JOLIE

Hace unos días leí la historia de una chica cuyos padres se habían separado cuando apenas tenía un año. Ella buscó la aprobación de su madre para trabajar de modelo, pero lo único que consiguió fueron algunos contratos para agencias minoritarias y muchas burlas por parte de sus compañeros de colegio. Su reacción no fue adoptar una postura sumisa ni denunciarlo a los profesores, sino que respondió con peleas y alguna que otra autoagresión. La relación con su padre no ayudaba; la tensión con él era constante, hasta tal punto que ella había decidido quitarse su apellido, Voight.

Su nombre, como habrás deducido, es Angelina, y la superguerrera Lara Croft es su papel más conocido en el cine. Los personajes nunca son por casualidad, y Angelina Jolie tiene la Luna en Aries conjunta a Marte (esto último es lo más importante).

**Quienes tienen la Luna en el signo
de la guerra encuentran su zona de confort
en la batalla, ya sea interna o externa.**

Para quienes tienen esta Luna, la rabia es su emoción básica. Eso significa que cuando se enfadan están procesando el resto de las emociones, las están gestionando. Pedirles que no reaccionen es como pedirles que no traten de comprender cómo se sienten; lo único que conseguiremos es que bloqueen lo que les pasa, y el conflicto se alargará aún más. No se trata de censurar o autocensurar la explosión, sino de canalizarla para que realmente pueda aportar la información que necesitamos. Más adelante explicaré con calma cómo hacerlo.

Antes de seguir quiero aclarar algo. Que la emoción básica de alguien sea la rabia no quiere decir que esa persona tenga un carácter de mil demonios y que no vaya a encontrar pareja. (¿Quién fue la primera abuela que amenazó con esta frase? Para matarla). Si uno está en guerra por dentro porque no tiene resueltos sus asuntos, la pareja los activará tarde o temprano al poner el dedo en la llaga, y las relaciones se podrán ver muy resentidas. Porque, si una persona está en guerra con alguien, lo está con cualquier situación que se le asemeje y, como la pareja compartirá con ella todo tipo de momentos, tarde o temprano se comerá un marrón que no le corresponde. Dicho esto, sigamos.

Volviendo a Angelina, recuerdo que en 2005 protagonizó, junto con su ex Brad Pitt, la peli *Sr. y Sra. Smith*, en la que interpretaban a una pareja de asesinos pertenecientes a empresas contrarias y cuyo objetivo era matar al otro. Pues esta Luna es un poco así; a veces parece que viva en un terreno competitivo, en el que los piques se mezclan con los besos en una especie de batallita cómplice. Desde fuera es raro, pero si se conocen las reglas del juego puede resultar muy divertido e incluso erótico.

Una buena Luna en Aries no debería censurarse en la intimidad. Dicho de otra manera, que exprese su enfado o hable con sinceridad es sinónimo de que está cómoda. Si se muestra diplomática, es que no está conectando con su mecanismo lunar y, por tanto, no está creando ningún tipo de vínculo.

No conozco personalmente a Angelina. Tampoco a Céline Dion, ni a Rihanna ni a Bill Gates. Ojalá algún día recibiera un mail de alguno de ellos pidiéndome una consulta. ¡Qué fantasía! Pero sé que todos ellos tienen esta Luna, lo que los convierte en luchadores natos que encuentran en ese fuego interno un estímulo imparable para conseguir lo que se proponen. A ellos no los para nadie, pero esa impulsividad puede alejar a otros del camino.

En este apartado analizaremos la Luna en Aries desde su reacción más inmediata, el enfado, hasta su mayor potencial, el entusiasmo y la fuerza interna. Veremos cómo enterrar el hacha de guerra que tanto puede separarnos de los demás y conseguir que el amor sea la única arma en juego. Preparados, listos, vamos allá.

LA BATALLA INTERNA

Cuando una persona vive en permanente situación de ataque es porque, en el fondo, trata de evitar que le hagan daño. El error está en que se protege atacando, es decir, usando la misma arma que le hirió; de este modo causa un daño parecido a los demás. Con esta actitud, lo único que se logra es formar una rueda en la que todos se protegen de todos, y así es difícil, por no decir imposible, crear buenas relaciones.

Lo primero que hay que entender es que cuando estamos en guerra con lo exterior es porque estamos en guerra por dentro. Si queremos firmar la paz con el mundo, ya sabemos por dónde empezar. Pero no es tan sencillo; la mayoría de la gente no reconoce el origen de todo, cuál fue el primer motivo por el que se enfadó ni con quién, y ahí es donde todo se descontrola. Viven protegiéndose y ni siquiera saben de qué se protegen.

La mayoría de las veces no estamos enfadados con la persona con la que chocamos.

He aquí la clave de todo. Lo interesante es ver que cuando nos enfadamos con alguien es porque nos muestra algo similar a la situación con la que verdaderamente estamos en conflicto. Me explico. Angelina Jolie se enfadaba con sus compañeros de clase, pero tal vez con quien realmente estaba molesta era con su madre, que la llevaba por un camino con el que ella no estaba de acuerdo, o quizá estaba en duelo porque sus padres se habían separado, o vete tú a saber la causa. Los compañeros señalaban algo con lo que ella no estaba en paz, y por eso saltaba. Pero, como ellos no eran los causantes del conflicto inicial, por más que se pelearan, la rabia seguía viva en ella y… llegaban las autolesiones. Su caso es muy exagerado, pero podemos trasladarlo a nuestra vida en la escala que nos corresponda.

**Si no sanamos la herida inicial,
acabaremos atacando a personas
que jamás nos agredieron.**

Por ejemplo, quien se molesta porque el cliente es lento a la hora de pagar, puede que en realidad esté agotado de sostener alguna situación que va más lenta de lo que quiere. Y como esta frustración no está resuelta, ese cliente, que hace algo parecido, se las carga. ¿Quién no se ha encontrado a un jefe que le grita porque en realidad él no sabe gestionar la presión que recibe por parte de sus jefes? Pues eso, otro ejemplo común.

**Libramos fuera las batallas
que no sabemos gestionar dentro.**

Quienes tienen esta Luna habrán encontrado en muchas ocasiones gente que se ofende por su tono o por cómo les trata, porque no entienden su reacción.

Así pues, es obvio por dónde toca empezar a sanar: hay que identificar el origen de todo. Pero no es tan sencillo, ya que a menudo la rabia solo actúa como emoción puente.

LAS EMOCIONES PUENTE

Que esta Luna responda con enfado no significa que la herida inicial haya suscitado necesariamente esta emoción. A veces detrás de la rabia hay mucha tristeza, o frustración o miedo. Aquí la rabia es solo el canal para expresar lo que sucede, porque posiblemente hay una dificultad por conectar con la emoción inicial, ya sea por vergüenza, censura o simple resistencia.

Cuando estudiaba Comunicación Audiovisual tuve algunas asignaturas de publicidad en las que se analizaba la psicología del consumidor. Asistí a un montón de clases y la mayoría de ellas no me sirvieron para absolutamente nada, pero una en concreto me cambió la perspectiva de cómo vender y puso la semilla de lo que más tarde acabaría siendo mi pasión: el análisis emocional. El concepto era «las emociones puente».

Para muchos de nosotros hay emociones prohibidas, ya sea porque la sociedad las castiga o porque en nuestra familia están mal vistas, y hemos aprendido a reprimirlas. Entonces, cuando nos toca conectar con esa emoción, lo que hacemos es usar otra que sí está aceptada.

Una emoción puente es aquella que se usa para expresar una emoción censurada.

Un ejemplo prototípico sería el caso de una mujer que necesita expresar su enfado en una reunión y lo que hace es ir al baño a llorar. Pero como la emoción primera no era la tristeza sino la rabia, esas lágrimas no canalizan nada y lo único que consigue es ir creando una olla a presión que tarde o temprano acabará explotando. Como se siente culpable, la siguiente vez todavía se censura más, con lo que se forma un círculo vicioso en el que las ganas de llorar serán recurrentes y se convertirán en un sinsentido. Aquí la emoción castigada es la rabia, y la emoción puente, la tristeza.

Socialmente hay emociones que se castigan y otras que se aceptan, ya sea por razón de sexo, estatus o edad, y eso nos condiciona. Por lo general, suele castigarse la rabia en las mujeres y la tristeza en los hombres, y ambos sexos usan la emoción contraria como puente, porque esas sí están aceptadas. Menos mal que las cosas están cambiando y cada vez se entiende más que lo mejor para que alguien sane es permitirle expresar lo que siente sin condicionantes. Es un tema de educación emocional y cuanto antes se empiece mejor.

Hay familias y entornos que censuran ciertas emociones.

Si la sociedad nos afecta, la familia ni te cuento. Quien ha recibido una educación en la que llorar no era una respuesta posible, se acostumbró a usar una emoción puente que sí estuviera permitida. Así tendremos a alguien que se apega a la alegría como refugio cada vez que siente tanto alegría como la emoción prohibida, por ejemplo, tristeza. ¿Conoces a alguien que frente a un duelo elija irse de fiesta, bromear y pasar página lo antes posible?

Cuando alguien no se identifica con su Luna, puede ser porque no sea capaz de reconocerse o porque esté usando una emoción puente.

Si eso le pasa a alguien con la Luna en Aries, puede ser que piense que se trata de analizar explosiones, enfados y ataques de ira. Y no. Vale la pena aclarar que se puede estar enfadado con el mundo y no gritar nunca; a veces la procesión va por dentro y toma distintas formas. Por ejemplo, existen personas pasivas agresivas: consiguen que se cumpla su voluntad manipulando con miradas, gestos o discursos que hacen sentir al otro culpable y así obtienen lo que quieren. Hay que ir con mucho cuidado porque son personas muy tóxicas. Pero lo fundamental es observar si somos nosotros los que nos estamos comportando así, porque en ese caso las relaciones con nuestro entorno se volverán destructivas para nosotros también.

Otro motivo por el cual una persona puede no identificar este patrón es que use una emoción puente porque conectar con la inicial sea demasiado doloroso. Este fue mi caso.

Cuando tenía diez años, murió mi padre y mi familia se derrumbó por completo. Decidí que yo no lloraría, así alguien en casa mantendría la serenidad y motivaría al resto. Coincidió que en aquella época mi madre me sacó de gimnasia y me apuntó a baile. Pensó que la rítmica me fastidiaría la espalda y la danza me la reforzaría. Y como mi tía bailaba sevillanas, de repente me vi en una escuela de flamenco. Aquello me gustaba y cada vez le metía más caña, hasta que entré en una compañía en la que bailaba tres horas diarias.

Con los años comprendí que la rabia se había convertido en mi mayor aliada porque había sido la emoción puente que me había permitido no conectar con la tristeza.

Esa rabia que con tanta garra bailaba era la misma que soltaba un llanto interno con cada zapatazo y la misma que apretaba cada músculo emitiendo un grito sin voz. Cuando mi padre murió, decidí no hablar del tema, pero bailé mi duelo.

A los veinte años empecé a verbalizarlo y a llorar todo aquello, y, por arte de magia, mi interés por el flamenco se difuminó. Me fui de la compañía y la verdad es que nunca más me ha vuelto a interesar demasiado.

Eso no significa que detrás de cada Luna en Aries haya una tragedia, pero sí indica lo importante que es identificar la emoción base para que la emoción puente no sirva de escudo y así eternicemos el dolor.

LO HACEMOS Y YA VEMOS

Esta frase la popularizaron una pareja de directores de cine llamados Los Javis. El lema «Lo hacemos y ya vemos» es Aries en estado puro. Tiene ese punto de inconsciencia inocente, pero a su vez la magia de quien se lanza sin freno guiado por el entusiasmo. Aquí no hay estrategia ni doblez; hay inercia por hacer.

Primero hacer y luego sentir.

Una de las características más importantes de Aries es la velocidad. Nacieron con prisa, por eso pedirles un tiempo largo para conocerse, irse a vivir juntos al cabo de varios años o proponer una boda a siglos vista es impensable. Tienen claro lo que quieren y lo quieren ya.

Eso tiene varias consecuencias, entre ellas, tropezar dos veces con la misma piedra por la falta de reflexión, o la hiperactividad cuando intentan no conectar con sus emociones. Esta impaciencia interna hace que muchas veces pisen al de al lado sin darse cuenta o que incluso les moleste la presencia de otros con los que pactar, porque estos pueden frenar o cuestionar lo que ellos quieren y se disponen a conseguir.

Aries es un signo individual, pero eso no significa que no deban tener pareja ni que no deban unirse a ningún socio. Significa que hay cierto rechazo inicial a tener que dar demasiadas explicaciones o escuchar las opiniones ajenas. No han venido a compartir, quieren salir adelante e ir a lo suyo, y quienes les entorpezcan seguramente serán expulsados del camino. Tienen claro lo que quieren y lo van a hacer guste o no al resto. Por eso las parejas que mejor les irán serán las que sean tan parecidas a ellos que apenas haya que justificarse o que les parezca bien que otro lleve la iniciativa. Si hay algo importante para ellos, es no perder el tiempo.

Si esta Luna se va a su extremo, podemos tener a alguien que le cueste escuchar lo que el otro propone o conectar con su visión, incluso puede ser una Luna invasiva que no contemple el rol del otro.

Cuando sienten algo, se lanzan a ello sin pensarlo. No tienen mala intención, son puro impulso. No es que desprecien al otro, es que ni lo ven, fruto de la velocidad que llevan y la claridad con que piensan. Es un signo que se aburre con mucha facilidad y necesita marcarse nuevos planes, nuevos inicios constantemente, para conectar con su energía principal. No olvidemos que Aries es el primer signo, asociado a la primavera, a la explosión de la naturaleza; el apalanque o la procrastinación lo saca de quicio. En cuanto a las parejas, es recomendable que procuren fijarse nuevas etapas, nuevos planes y nuevas metas para desarrollar juntos. Eso los unirá más que cualquier frase bonita o teoría romántica.

LAS TRES FASES DE LA RABIA

Detrás del enfado está la frustración; eso lo tenemos claro. Todos hemos de aprender a renunciar a la vida que soñamos para centrarnos en la que nos ha tocado vivir. En ocasiones podemos sentirnos culpables y desarrollar un enfado crónico contra nosotros mismos. Pero es preciso que aprendamos a perdonarnos, aceptarnos y avanzar.

Hasta que identifiquemos el verdadero origen del malestar, seguiremos estando en guerra con nosotros mismos, con el mundo o con todo aquel que nos recuerde lo que no hemos sanado.

La clave está en armarse de valentía y afrontar el conflicto inicial, porque de él brota todo lo demás.

Es importante que quienes tengan valentía no corran en este punto. Y sé que pedirle esto a la Luna más impaciente es difícil, pero debemos profundizar y no quedarnos en una capa superficial. Es fundamental ir quitando capas de enfado hasta dar con el epicentro del volcán, ya sea con terapia o deduciéndolo por nosotros mismos. O, mejor, unamos ambas cosas; Aries no es un signo que se deje enseñar ni aleccionar, solo aprende a través de la propia experiencia. Lao Tse dijo: «Si me hablas, escucharé. Si me muestras, miraré. Si me dejas experimentarlo, aprenderé». Lao Tse no lo sabía, pero le estaba hablando a una Luna ariana.

Seamos claros, si aprendemos a leerla, la rabia tiene una función maravillosa: desbloquear situaciones. El enfado, aunque sea solo un malestar interno, busca aclararnos y movernos para que podamos avanzar.

Existen tres fases que pueden ayudarnos a gestionar el enfado en el día a día y así aprovechar bien esta función.

❨ **Fase 1:** Identificar el conflicto base, encontrar el núcleo real del asunto. ¿Con quién o con qué estamos enfadados de verdad? ¿Es rabia lo que sentimos o la rabia es solo una emoción puente hacia algo más doloroso de gestionar?

❨ **Fase 2:** Soltar el enfado. No podemos actuar en caliente, porque eso desembocaría en tragedia, y todos lo sabemos. Primero tenemos que sacar la rabia. Si elegimos hacerlo verbalmente, nuestra reacción deberá ser visceral. No vale jugar a ser comprensivos y decir que tal persona no podía hacer otra cosa. No buscamos quedar bien ni ser diplomáticos, sino vomitar todo lo que hay sin inhibir una sola palabra.

La rabia es una emoción que necesita expresarse de forma física.

Aunque hablar con alguien o escribir lo que sentimos pueda irnos bien, lo cierto es que la rabia es una emoción explosiva que necesita salir de forma física. Quien tenga esta Luna debería hacer deporte con asiduidad, y con eso no me refiero a hacer un yoga suave o a meditar en plan flor de loto: la olla a presión puede ser monumental y las migrañas estarán aseguradas. Me refiero a correr, picar globos, tirar cojines, saltar a la comba o alguna actividad con altas dosis de competitividad o impacto. Bill Gates, por ejemplo, tiene esta Luna y juega al golf y al tenis; ambos, deportes que buscan el golpe sobre la pelota para descargar.

☾ **Fase 3:** Actuar. Cuando la situación se haya enfriado y veamos las cosas con mucha más claridad, será momento de pasar a la acción. Antes no. Mucha gente se salta este paso, he aquí la gran metedura de pata. La mayoría de las personas buscan un diagnóstico, hacen ejercicios para sacar la emoción y ahí se plantan porque ya se sienten mejor. Y, como no hacen nada para cambiar a largo plazo, esta vuelve a brotar cuando menos se lo esperan.

Con estos tres pasos nos aseguramos de que emprendemos acciones para cambiar la situación (que es lo que la rabia buscaba), pero no lo hacemos de modo reactivo cargándonos relaciones, sino meditada y serenamente, a fin de que los cambios se sostengan en el tiempo y conlleven cambios estructurales.

CÓMO CONECTAR
CON LA FUERZA INTERIOR

Ahora ya hemos entendido que cuando resolvemos nuestros conflictos internos, los demás ya no pueden poner el dedo en la llaga porque no hay llaga. Por tanto, dejamos de vivir a la defensiva porque no hay nada que defender y podemos enterrar el hacha de guerra. Ahora podremos serenarnos y tomar la iniciativa a la vez que incluimos a quienes tenemos delante.

Marte es el planeta que rige esta Luna y se dibuja con una flecha que simboliza que para quienes tienen esta Luna el amor es sinónimo de acción. Necesitan marcarse metas y estar siempre luchando para conseguir algo. Así conectan con su guerrero interior, que es quien les da seguridad, pero ahora con el gran matiz de no hacerlo en forma de lucha contra el mundo, sino en favor del mundo. Aquí cambia todo.

**La fuerza nunca está en el exterior,
los mejores guerreros son los que
no necesitan atacar para alcanzar su meta.**

Los nacidos con esta Luna valoran mucho la sinceridad en la pareja, pero también es cierto que deben aprender a diferenciarla del sincericidio, entendido como hablar en nombre de la verdad aun a sabiendas de que eso herirá al otro. Lo único que conseguirán es poner a quien tengan delante a la defensiva, alejando cualquier opción de comunicación y, por tanto, de relación.

La explosión no es una forma de comunicación.

Al fin y al cabo, el crecimiento personal va de eso, de saber contar hasta diez y procesar las situaciones en lugar de reaccionar de inmediato y cargarnos relaciones u oportunidades. También es cierto que, debido a la rapidez propia del signo, ni los enfados suelen durarles demasiado ni tienen reparos para pedir perdón y reconocer el error. Lo que quieren es avanzar y mirar constantemente hacia delante, no se recrean en cosas pasadas ni usan el rencor como arma arrojadiza. No hay dobleces, les enamora la honestidad y la transparencia.

En Aries no hay segundas intenciones, el único pecado es el exceso de velocidad, que en ocasiones conduce a la falta de filtros y de sensibilidad.

Veamos a Tony Robbins, por ejemplo. El gurú número uno del crecimiento personal y orador motivacional tiene esta Luna, y ha contado lo durísima que fue su infancia y que durante muchos años estuvo enfadado con la vida. Pero también ha explicado cómo precisamente todos esos obstáculos fueron los que lo impulsaron a convertirse en uno de los coaches más importantes del mundo, asesor de clientes de la talla de Bill Clinton o Serena Williams.

Podría haberse escudado en lo que le pasó y ser un hombre agresivo, motivos no le faltaron, pero decidió coger toda esa rabia y convertirla en fuerza para crear un montón de proyectos y libros que ayudaran a la gente a potenciar su valentía. Eso mola bastante más. Sobre todo porque a nadie le duele más el enfado que a quien lo sufre. Si has escuchado alguna de sus charlas o has asistido a alguno de sus talleres, sabrás que no se corta un pelo a la hora de usar palabras malsonantes: «Tu padre es un idiota, te quiso tanto que ahora no encuentras ningún hombre que te quiera igual», le dijo a una alumna. La gracia está en que no lo hace con despotismo sino con complicidad.

Volviendo a la sinceridad, podemos decir que tiene algo muy positivo para la convivencia: facilita las cosas al otro. Una pareja que habla sin tapujos de sus problemas cotidianos no acumula grandes pelotas de nieve y, por tanto, tampoco peta con grandes crisis. Eso no significa que las personas con esta Luna no pasen por altibajos, pero están muy capacitadas para hablar sin tapujos de sus sentimientos y solucionarlos a la velocidad del rayo.

Nada hay más frustrante que intentar entender a alguien que no sabe expresarse o que no sabe lo que quiere, pero ellas lo tienen claro y lo dirán con rotundidad. El reto está en que puedan hacer lo propio con los otros. Si lo logran, aportarán claridad donde había confusión o pondrán la palabra adecuada cuando nadie es capaz de encontrarla.

Lo bueno de la sinceridad es que facilita que los problemas se pongan sobre la mesa sin tapujos para solventarlos con mayor velocidad.

Llegados a este punto hemos entendido que parte de la clave radica en entender que este es un signo individual y que para estar en pareja tendrá que moldear ciertas piezas.

Uno de los ejes más importantes del proceso de sanación es atribuirnos a nosotros mismos la responsabilidad de lo que nos pasa, de lo contrario, podemos caer en la frustración. Hay gente que culpa a su padre o a su madre de los problemas que tienen de adultos. Aunque tal vez tengan razón, si el peso de lo que les sucede recae en los otros, no podrán hacer nada, y eso les generará una frustración de caballo que les hará explotar (interna o externamente).

En cambio, cuando tomamos el mando de lo que nos pasa, esa frustración se convierte en acción. Se trata de entender que en la vida nos pueden pasar mil cosas, pero está en nuestras manos deshacernos de ellas con una buena terapia y así recuperar el volante y decidir nuestro destino.

Ahora ya lo vamos entendiendo todo. Esa impaciencia, hiperactividad y necesidad de mando cobran sentido: solo estaban intentando sanar.

Cuando uno asume su parte de responsabilidad, se da cuenta de que tiene mucha más influencia sobre lo que le pasa de lo que pensaba. La actitud vital depende absolutamente de uno, y, si eso es así, lo tenemos todo. Ahí nace un líder. Alguien que se sacude las penas y las cambia por acciones. Alguien que, en lugar de quejarse todo el día, se mueve para cambiar las cosas.

El entusiasmo se contagia a quienes están cerca; todos queremos estar al lado de alguien que nos motive, que nos conecte con nuestra fuerza interior y nos anime a resolver cualquier contratiempo. Ya no se trata de una amiga mandona, sino de una persona vitamina.

Un buen ariano nos animará a que nos movamos hacia donde queremos, nos apoyará en nuestros proyectos aunque no los comparta y nos transmitirá su fuerza para que no tengamos miedo a nada ni a nadie. De ese modo la herida de la rabia se transformará en acción para él y sus acompañantes; agilizar a las personas y las situaciones impedirá que la herida se quede enquistada. Y esto, con el permiso de los lectores, me parece una *fucking* maravilla.

Miedo:	Frustración
Apego:	Independencia
Reacción:	Rabia
Aprendizaje:	Compartir
Potencial:	Fuerza interna

LUNA EN TAURO Y EL MIEDO A NO PODER DISFRUTAR

**(Luna en Tauro o en casa 2
o en tensión con Venus)**

> La felicidad es sentir que no debería estar en otro lugar
> haciendo ninguna otra cosa con nadie distinto.
>
> FRIDA KAHLO

EL CASO DEL PRÍNCIPE HARRY

Supongo que conoces al príncipe Harry de Inglaterra, el hijo menor del príncipe Carlos y el orgulloso esposo de Meghan Markle. Y seguro que imaginas que no tuvo una infancia fácil debido a su cargo institucional, al tenso matrimonio de sus padres y al trágico final de su madre, Lady Di. Pues me quedé helada cuando escuché en una entrevista con Oprah que tuvo crisis de ansiedad durante toda su adolescencia y que no fue a terapia hasta los treinta y tres años. *What!?* Además, admitió que se lo aconsejó la propia Meghan y que le está tremendamente agradecido por ello.

A las personas con la Luna en Tauro les encanta disfrutar de la vida, pero, en ocasiones, el apego al placer da paso a la procrastinación emocional. Es decir, ese punto hedonista las lleva a la pereza de dejar para mañana lo que podrían hacer hoy. Sobre todo en el terreno de las emociones. Eso es lo que le pasó al príncipe Harry y a mi amiga Amaia, que estuvo nueve años quejándose de su pareja sin dar un solo paso adelante para salir de ella.

La pereza emocional hace que los problemas se enquisten y se entre en bucles de los que luego es mucho más complicado salir.

Las situaciones se enrocan por la resistencia a entrar en ellas en profundidad. He recibido a consultantes atrapados en el mismo problema años y años. A veces iban a terapia, no digo que no, pero cuando la cosa se complicaba y empezaba a coger tintes dramáticos, salían por patas.

Una vez vino a verme una chica que estaba trabajando en un proyecto de un campus de verano para adultos. Le expliqué su carta natal para que pudiera ver su forma ideal de trabajar y se centrara en sus potenciales, pero al cabo de unos meses me escribió pidiendo una nueva sesión: había decidido dejar el proyecto y hacerse terapeuta. Le pregunté el porqué del cambio de rumbo y lo único que supo decirme fue que se había inspirado y así lo sentía. Hablamos un rato sobre el tema del campus y me comentó que la edición de aquel verano se estaba estancando y el número de alumnos había bajado. A todo eso le pregunté por qué motivo había decidido no seguir con su profesión inicial, la enfermería, y me contó que, tras una época dura en la que encadenó largas guardias nocturnas, una noche de verano su novio le propuso la idea del campus.

Es un caso de manual. Mientras mantenía la ilusión y estaba contenta con lo que hacía, todo iba bien. En cuanto la cosa se complicaba y había que conectar con la dificultad, se iluminaba con un cambio de rumbo en su vida.

Con las relaciones puede suceder lo mismo. Hay cierta procrastinación emocional en trabajar las profundidades de lo que una pareja conlleva. En los inicios todo es muy bonito. Citas, miradas seductoras, la ilusión de tener un nuevo amante y sobre todo caricias y besos por doquier. Tauro rige los sentidos, y un buen masaje o un aceite esencial hacen efecto al instante. Pero eso no es la relación, aunque forme parte de ella. Los vínculos tienen una cara A y una cara B.

La cara A es la bonita, todo lo que es fácil, lo que compartimos con el otro, lo sensual, pero no puede eclipsar a la otra cara, porque entonces, a cambio de estos momentos, perdonaremos el resto y la situación se desequilibrará. La cara B es todo eso que es nuestro pero que no nos gusta mirar y que la presencia del otro inevitablemente activa: los celos, la posesividad, la inseguridad, las propias carencias, etc.

Es fácil que las personas con la Luna en Tauro se sientan atraídas por quien les haga la vida sencilla o les dé estabilidad, así no tienen que afrontar lo que tanto temen.

En realidad, quienes tengan esta Luna y estén leyendo estas páginas tienen mucho mérito. Lo habitual sería que se autoconvencieran con cuatro frases bonitas sacadas de la agenda de la influencer de turno de que no están tan mal. No hay nada malo en ello, si eso les motiva a seguir adelante. La cuestión es que a veces estas ideas idílicas se utilizan como excusa para no trabajar en nada de lo que pasa. La pereza emocional hace que los problemas sigan ahí años y años, y que haya mucha gente viviendo una mala relación de la que no salen por resistencia a asumir todo el cambio que les viene encima, o por rechazo al duelo que tendrán que afrontar.

Pasar a la acción es lo que más le cuesta a esta Luna, por eso hay que ponerse las pilas, si no queremos acabar adictos al dulce, a las compras o a cualquier otra cosa que nos proporcione un placer instantáneo que anestesie esa incomodidad interna.

En este apartado vamos a hablar de esta Luna, desde su reacción más inmediata, la desidia, hasta su mayor potencial, la capacidad de disfrutar de la vida pase lo que pase. ¿Cómo afecta este atributo a las relaciones? Vamos a ello.

SIN PRISA PERO CON ALMA

Tauro es uno de los signos más lentos que hay y, como consecuencia, las personas con esta Luna necesitan su tiempo para procesar las emociones, los cambios les cuestan, y romper de golpe les resulta complicado. Por eso propongo que en lugar de cambios nos refiramos a «transiciones». Se van preparando para las curvas poco a poco, sin sustos y con tiempo de adaptación.

El primo de mi marido, Edu, tiene la Luna en Tauro y hace un tiempo estuvo saliendo con una chica con la Luna en Aries, rápida y dinámica. Un día nos llamó agobiado porque ella le había sorprendido con una escapada sorpresa a París y el vuelo salía al día siguiente por la mañana. La chica estaba emocionadísima por su ocurrencia megarromántica, pero él se había cortocircuitado al recibir tal «regalo». ¿Qué ropa meto en la maleta si la mitad está sin lavar? ¿Y si es una ciudad cara y no me alcanza el dinero ahora que estamos a fin de mes? ¿Qué preparo para el viaje? La cosa no pasó de un par de risas y se lo pasaron pipa, pero desde ese día recordamos con cariño que a Edu no se le pueden decir las cosas de un día para otro porque se agobia.

Es solo un ejemplo divertido para explicar que quienes nacieron con la Luna en Tauro necesitan un ritmo de vida tranquilo y su mente no reacciona por inmediatez, sino por comodidad. Un toro (el símbolo de este signo) no se pone en marcha de cero a cien, sino que va llegando poco a poco, midiendo su fuerza para cuando sea necesaria. Tienen fama de tozudos, porque cambiar de idea también les supone un esfuerzo.

A quienes tienen la Luna en Tauro les gusta la rutina, la seguridad y el confort, pero si no quieren que eso los estanque, tendrán que habituarse a actuar sin prisa pero sin pausa.

No hay que acelerar los procesos, pero tampoco se trata de eternizarlos. Es recomendable que tengan contacto seguido con la naturaleza, sobre todo cuando están bajos de ánimo y necesitan nutrirse emocionalmente.

Un buen baño de bosque los ayudará a bajar el ritmo, encontrar el tempo natural de las cosas e inspirarse para seguir. Las ciudades obligan a ir a tres mil revoluciones: si esperas un segundo a arrancar cuando el semáforo está en verde, te llevas más pitadas que un árbitro en un partido de fútbol. Y ellos se agobian. No recomiendo que trabajen en nada que requiera mucha velocidad ni en lo que tengan que estar apagando fuegos todo el tiempo. Tampoco que su pareja les pida que corran, porque se sentirán muy descolocados y pueden entrar en estado de defensa.

Pongamos un símil con las estaciones, ya que estamos en plan David Attenborough (el famoso autor de documentales sobre la

Tierra es Tauro y tiene la Luna con Venus, como no podía ser de otra manera): en invierno nadie exige a los árboles que estén verdes y florecidos; respetamos su momento vital y entendemos que están en un reposo necesario para que, cuando llegue su turno, vuelvan a florecer.

La sociedad y nosotros mismos nos exigimos estar siempre en una primavera perpetua imposible de sostener.

De ahí el agotamiento emocional por el que muchas personas pasan. Se obligan a llegar a todo y pierden la capacidad de disfrutar y de mantenerse creativas. Si bien en invierno los árboles están pelados, en primavera será imparable su expansión. Eckhart Tolle, con la Luna en Tauro, nos enseñó la importancia de tomar conciencia del aquí y el ahora como base de la felicidad. Quienes tienen esta Luna necesitan encontrar el punto idóneo entre forzar y frenar la velocidad para alcanzar las metas que persiguen. Y eso también en una relación o en un proceso emocional.

Cuando conectan con su ritmo, dejan espacio a las musas. De repente se vuelven tremendamente creativos, se les ocurren ideas y soluciones a los problemas y, como por arte de magia, recuperan la ilusión y las ganas de amar.

Tengamos el valor de parar y descansar. No escuchemos a una sociedad en la que el agotamiento es signo de estatus y éxito.

La naturaleza, si se respetan sus leyes, tiempos y movimientos, es tremendamente expansiva. Y los que tienen la Luna en Tauro, también.

EL TERCER MIEMBRO
DE LA RELACIÓN

Otro temazo en este código es el dinero. ¿Te has fijado que en la puerta de Wall Street hay una estatua de un toro? No voy a hablar de macroeconomía, no huyas, pero vale la pena que sepas que este signo busca seguridad, y el dinero se la proporciona. El dinero es el solucionador de problemas por excelencia, sobre todo porque facilita no tener que entrar en ellos, que es lo que esta Luna quiere.

Si solucionamos las cosas a partir de cheques, propiciamos la base perfecta para que el patrón se repita; no habremos aprendido nada.

Quienes tengan la Luna en Tauro pueden reflexionar sobre el papel del dinero en su infancia. Quizá recibieron mensajes como que el ahorro es importante, que el dinero da la felicidad o que la gente pobre no llega a ningún lado. O tal vez vengan de una familia rota por una herencia o marcada por la ruina de algún antepasado. Sea como fuere, en su casa o en su entorno, el dinero no es un tema menor. Se valora que haya y se teme que falte. Lo importante es ver cuál es el deseo real escondido. Si el inconsciente cree que las personas son lo que tienen o lo que ganan, el dinero acaba convirtiéndose en el tercer miembro de la pareja.

El dinero es neutro; cuando lo buscamos, en realidad perseguimos lo que representa para nosotros.

Para algunos el dinero es sinónimo de libertad. Para otros, de estabilidad o reputación. Quien busca estatus, por ejemplo, busca la aceptación de los otros. Y eso no lo da el dinero, lo da la propia autoestima y la buena selección de las relaciones. Si indagamos qué herida se esconde detrás de cada caso, podremos darle el significado que elijamos que tenga en nuestra vida y dejaremos de ser sus esclavos.

No podemos pensar que si no tenemos las cuentas saneadas seremos menos merecedores de amor. Quien quiere a alguien por lo que tiene es incapaz de proporcionar estabilidad por sí mismo. Por eso hay que estar atentos a qué cosas mostramos como armas de seducción, puesto que las personas a las que atraigamos se enamorarán de eso.

Quizá te estés imaginando al príncipe Harry enseñándole todos sus castillos a Meghan para seducirla. Y quizá quien tenga esta Luna piense que, como no posee semejante patrimonio, ese no es su problema. Deja que te cuente una cosa. Todos tenemos algo por lo que nos creemos valiosos, pero las relaciones no se pueden basar en eso, porque en ese caso no podremos decidir desprendernos de ello o elegir qué deseamos ofrecer en cada momento. Así se crean trampas emocionales de las que es casi imposible salir y que no nos permiten evolucionar hacia donde queremos.

El placer y el dinero son apegos fáciles y de rápido enganche —a lo bueno se acostumbra uno enseguida—, pero no pueden definir a nadie porque, si lo hacen, se convierten en ladrones de su personalidad. ¿Quién eres, más allá de tu sueldo y tus posesiones?

Yo fui a un colegio de pago en el que esto era el pan nuestro de cada día. Si no ibas al club de polo los sábados eras el marginado de turno porque no estabas en la onda en la que había que estar. Ahí ningún padre perdía el empleo porque, evidentemente, si eso ocurría se encargaban de ocultarlo bajo la máscara de una opulencia superior a la habitual. De esa época guardo grandes amistades, como mi amiga Alejandra. Se casó con un chico que había cobrado una herencia bastante sabrosa de una tía soltera. Estaban enamorados y tuvieron dos hijos, pero al cabo de unos años el matrimonio entró en crisis. Ella se dio cuenta de que si se separaba no sería capaz de seguir dándoles aquel ritmo de vida a los niños ni a ella. Además, su marido podría pagar un abogado mejor y ella tendría las de perder. Quince años más tarde, siguen juntos.

**No juzgues a alguien por su dinero, sino
por lo que es capaz de hacer a cambio de él.**

Las personas con dinero no son peores ni mejores. El dinero tiene un significado diferente para cada uno de nosotros, y cuando toca heridas de la infancia es muy probable que condicione las relaciones. El dinero, como el amor, es cíclico, sube y baja. Pero sobre todo es energético y capta lo que sentimos por él.

La clave de la sanación está en entender que el dinero no corrompe a nadie ni transforma nada, simplemente multiplica lo que ya había. Quien es generoso lo será con un euro y con cien mil. Y donde hay carencia interna, el dinero solo generará falsa seguridad. Erich Fromm decía que si con todo lo que tenemos no somos felices, con todo lo que nos falta tampoco lo seremos. Sabias palabras.

Supongo que ya ves hacia dónde voy. Las personas con esta Luna tienen que sanar su relación con lo material. Se trata de tener un buen colchón de ahorros o una fuente de ingresos estables para no crear dependencias económicas con los demás y así poder acercarse a ellos sin condiciones ni restricciones, dando paso a un amor puro y fluido.

Es importante evitar angustias innecesarias en este terreno. Una de las cosas que le preocupaban a Edu, el primo de mi marido, cuando su novia le invitó a París por sorpresa, era tener suficiente líquido a fin de mes. Quien sufre por estar rozando los números rojos, no disfrutará de lo que haga, ya sea una escapada puntual, un viaje de verano o una hipoteca a treinta años.

UN AMOR CON TRES ESTRELLAS MICHELIN

Para quienes tienen esta Luna, la comida es mucho más que alimento. Es amor, afecto, una caricia al paladar que llega directa al alma. Cocinar para ellos con esmero puede ser más potente que cualquier frase romántica. Como si la felicidad se sirviera en mantel de lino y todo lo bueno ocurriese alrededor de una mesa.

Llegados a este punto, te presentaré a la mejor amiga de Tauro: la dopamina, un neurotransmisor que desprende neuroquímicos cuando sentimos gratificación o placer. Esta Luna es adicta a ella, y tener picos de dopamina recurrentes le dará tranquilidad y seguridad. Lo conseguirá tomándose una tarta o buscando sexo exprés. Ahora que sabemos lo que en realidad necesitan, vamos a conseguirlo de manera controlada y constructiva. Se trata de dar a la persona o a la pareja pequeñas recompensas cotidianas que mantengan altitos los niveles de este neurotransmisor. Mejor organizar una cena romántica un viernes en pareja que dejar que la bajona de las doce ponga un dónut en la mesa de trabajo. O, más profundo aún, mejor premiarse tras una buena sesión de terapia que acabar dejándola por falta de alicientes. Cuanto más equilibren las dificultades que todo conlleva, más constantes serán.

A la mujer que quería montar un campus y estaba a punto de dejarlo porque no tenía demasiados clientes, ya sabemos cómo guiarla. Se trata de que busque pequeñas estrategias y que sobre todo genere recompensas para que no pierda la «chispa» que le une al proyecto.

Si lo trasladamos a la pareja, es fundamental no confundir tranquilidad con pasividad, porque entonces, a la larga, bajarán la guardia y se desconectarán. Lo ideal es buscar esos momentos individualmente o en pareja, para que se sientan en su salsa y sigan entregados y chispeantes en la relación.

La herida de la pereza y la procrastinación derivará así en la capacidad de disfrutar de la vida creando un baile armonioso entre los momentos de esfuerzo y de descanso, gozando de la compañía de quien nos ama.

Miedo:	Intensidad
Apego:	Placer
Reacción:	Procrastinación
Aprendizaje:	Conectar con el dolor
Potencial:	Constancia

CÓDIGO 3

LUNA EN GÉMINIS
Y EL MIEDO A NO ENTENDER

**(Luna en Géminis o en casa 3
o en tensión con Mercurio)**

> Amar no es solamente querer,
> es sobre todo comprender.
>
> FRANÇOISE SAGAN

EL SECRETO DE OBAMA

Una de las claves del éxito de Barack Obama fue dominar el arte de la oratoria como nadie, apartando la demagogia para dar paso al discurso comprensible y al diálogo esclarecedor. El que fuera el 44.º presidente de los Estados Unidos de América tiene la Luna en Géminis, el signo de la comunicación, la escritura y la didáctica. Lo que en su día le sirvió para ganar las elecciones es su principal herramienta a la hora de gestionar sus emociones y uno de los pilares principales de su relación de pareja. Para él, al igual que para todos los que tienen esta Luna, las emociones son estados mentales.

Quienes tienen esta Luna necesitan conceptualizar lo que les pasa, entender lo que sienten y poner palabras a lo que les sucede.

Adictos a los libros, los cursos y las conferencias, les conviene tener al lado a alguien que les devuelva la pelota dialéctica y los ayude a esclarecer lo que les pasa por dentro. Por eso suelen ser buenos conferenciantes, profesores o vendedores, porque se pasan el día dialogando, ya sea para sus adentros o en intercambio con alguien.

Obama fue profesor de la Universidad de Chicago durante doce años y colaborador de la *Harvard Law Review* hasta llegar a jefe de redacción y finalmente presidente de la revista. Además, consiguió un contrato para una editorial que le pidió que escribiera un libro sobre relaciones raciales, que acabó evolucionando en una recopilación de sus propias memorias personales. Escribir es una de las herramientas terapéuticas más útiles para este signo.

La Luna en Géminis es mental, necesita racionalizar para conectar con sus sentimientos.

Si quienes tienen la Luna en Géminis no entienden conceptualmente lo que les sucede, se bloquean porque la emoción no encuentra el camino y, como consecuencia, no pueden evolucionar. Aquí la pareja desempeña un papel fundamental a la hora de ayudarlos a mantener conversaciones en las que puedan conectar con lo que les pasa y aclarar conceptos. Les encanta la mente del otro, que sea listo, que les siga el discurso e incluso los ayude a elaborarlo. Veamos con quién está casado Barack Obama: con una mujer graduada en Princeton y Harvard a quien hemos escuchado pronunciar discursos tan potentes como los de él.

Como habrás deducido, no es ideal que se emparejen con alguien muy callado o a quien le cueste expresar sus sentimientos, puesto que será difícil que puedan sentirse queridos. Se enamoran de las mentes, de la labia y las sobremesas casi más que del cuerpo que las envuelve. Por eso para ellos son especialmente difíciles las rupturas en las que no se dan demasiadas explicaciones o el *ghosting*, cuando directamente el otro desaparece sin más. Si se les explica, pueden entender y, si entienden, pueden amar.

El principal problema es que al racionalizar las cosas las etiquetamos, y al ponerle nombre nos distanciamos de las emociones, lo que impide que aflore su verdadero origen. De ahí que sean tan cambiantes y su signo se simbolice con unos gemelos. No es que tengan desdoblamiento de personalidad ni nada parecido, es que pueden pensar una cosa y la contraria en cuestión de minutos. Si nos agarramos a algo solo por un argumento lógico, en cuanto aparezca otra persona que lo cuestione con una explicación coherente nos hará bailar la cabeza como una peonza.

El aprendizaje de la Luna en Géminis consistirá en bajar las emociones al cuerpo y dejar que afloren sin etiquetas (¡astrológicas tampoco!).

En este apartado hablaremos de lo mejor de la Luna en Géminis, la capacidad de comunicación constante y la creación de conexiones entre conceptos y personas, y también abordaremos su mayor dificultad, la tendencia a la dispersión y la creación de lazos superficiales. Boli en mano, libreta a punto, allá vamos.

LA MENTE COMO MECANISMO DE DEFENSA

Nuestro coco puede ser un gran aliado a la hora de comprendernos y entender el mundo en el que vivimos, pero también puede usarse como refugio para no conectar con las emociones que sentimos. Las personas mentales no son más frías ni calculadoras, al contrario. Precisamente al huir de su sensibilidad se van a la mente creyendo que así se separan de las emociones con las que no quieren contactar. Al fin y al cabo, la cabeza es la parte más alejada de nuestras entrañas, y es fácil perdernos en miles de conceptos y teorías sin procesar realmente nada.

**La mente puede ser el mejor laberinto
para quien no quiere salir.**

A veces las personas muy habladoras son expertas en dar rodeos a las cosas y no profundizar en lo que cuentan. Cuando conocí a mi marido y me contó su historia me sorprendió que alguien tan inteligente como él hubiera aguantado situaciones muy duras durante muchos años. Me explicó que, para no tener que afrontar una situación familiar difícil y una pareja complicada, se había refugiado en los libros y en los miles de cursos y másteres a los que se había apuntado. Mientras entrenaba su intelectualidad se sentía fuerte y no conectaba con la debilidad que le impedía salir de aquel entorno tan tóxico, de modo que caía en un pozo cada vez más profundo. Hasta que la mente perdió su cobijo y petó con una ansiedad que le paralizó el cuerpo entero.

Cuando enfermó usó su misma herramienta lunar para salir de aquello. Todo lo que había estado estudiando le sirvió para darse cuenta de lo que pasaba, cambiar su situación e incluso volverse experto en el tema. Hoy en día se dedica a enseñarlo a sus alumnos y es todo un referente en el sector.

No se trata de parar de estudiar o dejar de ser alguien mental, se trata de conseguir que el mecanismo que domina la Luna no juegue en contra sino a favor.

El ejemplo de mi marido es un clásico en las personas que, como él, tienen la Luna en Géminis. Con esto no quiero decir que todo el mundo que lea mucho o estudie busque esconderse tras los libros, ni que en la ignorancia está la felicidad. ¡Para nada! Lo que trato de contar es que pretendiendo entender la teoría de las cosas a veces nos alejamos de la simplicidad que está delante de nuestras narices. Creo que todos nos hemos pillado en más de una ocasión estando en setenta cosas a la vez para no tener que afrontar lo que nos asusta. Yo misma me pierdo dos horas en internet cuando me encallo escribiendo este libro. Y con este proyecto puede no tener mayor importancia, pero cuando hablamos de sentimientos tenemos que andar con cuidado y no estar haciendo dos cursos en paralelo o cuatro terapias al mismo tiempo para no tener que mirar lo que realmente está pasando.

**La dispersión es un mecanismo de defensa
para no afrontar el conflicto interno.**

Si ligamos esto con el tema de las parejas, podemos ver que del mismo modo que hablar no implica expresar sentimientos, tener muchas relaciones no nos asegura que estas sean profundas y entregadas. Ser simpático, sociable y entablar conversación con cierta facilidad no es sinónimo de que la persona tenga habilidades para establecer vínculos. Incluso a veces puede ocurrir todo lo contrario. Podemos tener muchos planes todos los fines de semana pero que ninguna de esas relaciones nos llene de verdad y solo estemos tratando de esconder la soledad. Quien mucho abarca, poco aprieta, dicen.

Antes de quedar con una persona nueva o de leer otro libro, habrá que tener muy claro qué respuestas estamos buscando. Será fundamental aprender a hacernos las preguntas correctas para asegurarnos de que avanzamos con foco y no seguimos acumulando conceptos sin más. Pero esto lo explicaré más adelante con detalle, ahora centrémonos en cómo usar el don de la palabra a nuestro favor y en nuestros vínculos.

EL PODER DE LA PALABRA

Una vez hemos entendido que darle mucho al coco no es sinónimo de entender ni mucho menos de procesar, es momento de conocer las reglas del juego de nuestra mente. Ya hemos visto que la comunicación es la herramienta clave aquí, así que, cuanto más aprendamos a dominarla, mejor podremos conducir nuestras emociones hacia donde nos convenga.

Para empezar, tendremos que ser unos ases en dominar las palabras que nos decimos a nosotros mismos e investigar por qué elegimos unas y no otras. Por ejemplo, no es lo mismo contar que «nos han dejado» que decir que «la relación ha terminado». La primera frase tiene una connotación humillante, que se carga nuestra autoestima en un abrir y cerrar de ojos. La segunda es descriptiva y más constructiva. La primera nos victimiza y de ahí sacamos un beneficio inconsciente: quitarnos de encima nuestra parte de responsabilidad. La segunda iguala a los dos miembros de la pareja y nos dispone a analizar qué ha pasado para poder entender nuestra parte del pastel y así poder cambiar.

Puede parecer una chorrada, pero te aseguro que no lo es. Aprender a explicarse la vida es la clave para tener una relación sana con nuestros pensamientos y, por tanto, con nuestro entorno. Esa es la primera relación que tenemos y la más importante, de la que beben todas las demás. Hablemos con nuestra mente como lo haríamos con nuestros mejores amigos o con la persona que más queremos. Y no se trata de darnos coba en nuestros dramas ni justificar conductas, se trata de analizar la situación con palabras constructivas que nos ayuden a entenderla bien y ver por dónde tirar.

Quien aprenda a centrar su mente dominará sus emociones.

Hay otro aspecto importante que hay que tener en cuenta: nuestras fuentes de información. No sirve de nada pulir nuestros pensamientos si luego estamos tres horas hablando con el vecino tóxico que en dos minutos se carga todo el trabajo que hemos hecho. Hay gente con discursos muy destructivos, lo mejor es mantenerla lo más lejos posible. Hoy en día hay cientos de charlas superpotentes colgadas en las redes y miles de pódcast de calidad que pueden ayudarnos a entrenar la mente a pensar como queremos. Como dice el divulgador Sergio Fernández, se trata de sitiarla, de bloquear todo lo que quiera entrar y no convenga. Actuaremos igual que los ejércitos cuando pretenden conquistar una ciudad y la rodean por todos los flancos durante el tiempo necesario hasta que se rinde. Haremos lo mismo con los pensamientos, solo dejar que entren los que nos interesan hasta conseguir que nuestra mente piense como queremos. Cuando la tengamos entrenada estará tan fuerte que podremos abrir las puertas sin que nada nos afecte.

En este proceso habrá que seleccionar a las personas de las que nos rodeamos, ya que acabamos replicando por dentro lo que escuchamos en sus bocas. Pareja incluida. Dicen que somos la media de las cinco personas con las que más nos relacionamos. Añadiría que nuestros pensamientos son la media de las cinco fuentes de información de las que bebemos. Convendrá ser ultraselectivos con la calidad de estas fuentes y evitar la dispersión. Y como más de uno estará reclamando lo prometido, voy a explicar cómo centrar la mente y que la velocidad mental juegue a favor.

CÓMO FOCALIZAR AL ETERNO APRENDIZ

A quien tiene la Luna en Géminis la cabeza nunca le para porque las emociones tampoco lo hacen. Ansiosos de aprender y curiosos por definición, tendrán que centrarse si no quieren acabar acumulando información sin ton ni son e incorporar conceptos superficiales al tuntún, que no suponen ninguna mejora sustancial. Y al final, mucho ruido y pocas nueces.

Para aprender de verdad hay que profundizar, y para ello no basta con jugar o curiosear. Pero, claro, si nos metemos en materia, la cosa se pone intensa y esto puede asustar a quien no esté preparado, sobre todo si el tema en cuestión son las emociones.

Si nos instalamos en la superficialidad, podremos tener muchas relaciones, pero difícilmente sobreviviremos a lo que una pareja venga a mostrarnos.

Antes de tener otra cita o probar una terapia nueva, es primordial parar y preguntarnos qué estamos buscando. Eso marcará la herramienta o la persona, y no al revés.

Si caemos en el *multitasking* nos agotaremos porque nuestra cabeza no está preparada para estar en cuarenta cosas a la vez. Tenemos que bajar la intensidad de esas cosas para poder llegar a todas. He aquí lo que en el fondo estamos buscando: no escuchar, no sentir, no entregarnos.

La acumulación de conceptos sin orden solo busca esquivar la intensidad que nos vemos incapaces de sostener.

He visto a mucha gente que pide una interpretación de su carta natal sin saber ni por qué la quieren. Estas consultas suelen ser muy poco productivas, porque, aunque sacian la curiosidad de quienes las encargan, al terminar no saben qué hacer con toda la información que han recibido, les surgen cuarenta preguntas y les da por pedir otra sesión o leer otro libro, en un bucle sin fin.

Lo importante antes de empezar nada es saber qué respuestas estamos buscando. Y para eso no concertaremos otra cita con el terapeuta de turno. ¡Cuidado con buscar fuera lo que solo puede venir de dentro! Ahí es donde toca bajar al cuerpo, escribir o usar cualquier herramienta de las que hemos venido hablando para escuchar qué es lo que el alma se está preguntando realmente.

Cuando lo tengamos, podremos decidir qué persona o herramienta es la más adecuada para que nos ayude. Es más, probablemente lo mejor para esta Luna tan inquieta y versátil será usar cuatro técnicas al mismo tiempo, pero a diferencia de lo que he descrito antes, ahora estarán centradas y trabajarán unidas con una finalidad común.

Con las parejas pasa lo mismo, no se trata de querer pasar un buen rato o conocer a alguien que nos haga reír. Eso solo servirá para marear la perdiz e ir de cita en cita sin consolidar nada. Lo importante es saber qué buscamos en una persona, cómo queremos que sea su forma de pensar y así definir dónde salimos a buscarla y cómo construimos la relación.

Y ahora sí podremos elegir bien quién queremos que nos acompañe y de quién podremos aprender. He usado este verbo recurrentemente en este apartado, y no es una casualidad. Géminis rige el aprendizaje, por eso quienes tienen esta Luna disfrutan incorporando conceptos nuevos, así crean una red mayor de conocimientos que los ayuda a encontrar seguridad.

Un buen estado de ánimo va unido a una mayor capacidad para aprender.

Está demostrado que el aprendizaje está unido a la felicidad. Los niños pequeños se emocionan constantemente por cualquier cosa porque su cerebro necesita incorporar mucho en poco tiempo y así se asegura la buena implantación del nuevo concepto. ¿Verdad que cuando estudiamos para aprobar un examen a los dos días no recordamos nada, pero cuando aprendemos algo que nos apasiona podemos acordarnos toda la vida? Es por eso.

Si invertimos los términos veremos que cuanto más aprenda quien tiene esta Luna más feliz será, y aquí vemos el papel fundamental de su pareja para aportarles felicidad, no parar de aprender juntos o el uno del otro.

Todo esto explica que Géminis sea el signo del humor y lo use para relativizar lo que le pasa. Pero aquí me dispongo a abrir un melón demasiado grande para ventilarlo en dos frases. Mejor abro un apartado nuevo y me explayo sobre el asunto.

EL CHISTE Y SU RELACIÓN CON EL INCONSCIENTE

El humor es un recurso emocional fantástico que también gusta mucho a quienes tienen esta Luna, ahora ya sabemos el porqué. Por eso a Géminis no suelen gustarle demasiado las personas extremadamente serias o que se tomen las cosas muy a pecho. Buscan cómplices en su diversión, gente que se anime a guasearse un poco de lo que pasa, sea lo que fuere. El propio Obama usaba la ironía en sus mítines, se reía de sí mismo en las entrevistas e incluso hizo discursos que parecían monólogos cómicos.

Hacer chiste de las cosas es un recurso magnífico, si nos ayuda a relativizar y alejarnos de las situaciones para poder resolverlas mejor. Jim Carrey o Rowan Adkinson (Mr. Bean), sin ir más lejos, tienen esta Luna. Pero usado en exceso puede acabar siendo un arma de doble filo para no afrontar lo que tenemos delante.

Sigmund Freud, el padre del psicoanálisis, también con esta Luna, escribió sobre el chiste y su relación con lo inconsciente. Para él, la burla tiene una carga pasivo-agresiva, en la que suele aparecer una víctima que representa a todas las personas sobre las que queremos liberar nuestra agresividad.

La ironía, el doble sentido o la mofa nos ayudan a indagar aquello en lo que estamos atrapados.

El humor tiene dos funciones básicas. La primera es librarnos de culpa. Es divertido poner el hashtag #todomal cuando llevamos dos semanas sin poner la lavadora porque así nos sentimos menos mal. La segunda función es unirnos a otras personas que estén en esta misma onda: serán los cómplices que nos rían la gracia. Si sentimos que lo que nos pasa a nosotros les pasa a otros, la carga se reparte y parece menor. Pero dicen que mal de muchos consuelo de tontos. Aquí es donde tenemos que ver la diferencia entre hacer guasa para desdramatizar y poder actuar con más claridad, o si lo que conseguimos es restarle importancia al problema hasta el punto de que no hagamos nada para resolverlo.

Si lo llevamos al tema del amor, podemos afirmar que, aunque para Géminis sea imprescindible divertirse y hacer bromas internas dentro de la pareja, nadie quiere ser un chiste para otro. Me refiero a que nuestra pareja tiene que ser alguien que nos dé apoyo y con quien podamos compartir intimidad sin que sea tomada a cachondeo. La privacidad es intensa, por eso a muchos les cuesta sostenerla, pero es una de las bases del amor; si queremos una relación importante y no algo superficial, habrá que aprender a convivir con ella. El propio Groucho Marx, también con esta Luna, dijo: «No reírse de nada es de tontos, reírse de todo es de estúpidos».

Entonces, en el equilibrio estará la clave. Tenemos que poder relativizar y hacer mofa de lo que queramos, pero también entender que la pareja no es solo un hermano con el que hacer cachondeo, sino un apoyo con el que contar.

Para tener relaciones sanas hay que afrontar conversaciones incómodas.

EL APRENDIZAJE QUE NO ESTÁ EN NINGÚN LIBRO

Llegados a este punto, ya hemos visto que la zona de confort de esta Luna es conocer, tocar y saber. Pero hay aprendizajes que no están en las hojas de ningún manuscrito ni en la consulta de ningún terapeuta, toca experimentar para aprender. Hay básicamente tres aprendizajes importantes aquí: de uno mismo, del otro y con el otro.

Para aprender de nosotros será imprescindible ir más allá de cuatro conceptos teóricos o ignorar lo que diga la corriente de moda. Me refiero a que en lugar de definirnos según un signo, un eneatipo o lo que sale en tal libro, tenemos que ser capaces de vernos y crear nuevos conceptos, mezclar los existentes y experimentar. Las definiciones preestablecidas nos encasillan, nos limitan y nos dejan sin opciones, de modo que no sabemos lo que en realidad queremos más allá de lo que dice el test de turno. Cuando nos observamos y nos vamos definiendo a nosotros mismos no solo disfrutamos día a día al ver con curiosidad la persona en la que nos estamos convirtiendo, sino que además la persona con la que queremos estar prácticamente se define sola.

Un segundo aprendizaje vendrá precisamente de quien tengamos al lado. Por tanto, ojito con estar todo el día pegados, no tanto por el agobio físico como porque corremos el peligro de no tener nada que contar y que eso se cargue la atracción. Habrá que recordar que el diálogo es el mayor elemento erotizante y que cuanto más aprendamos el uno del otro más amor existirá. Miremos a los Obama, ambos vienen de ámbitos profesionales similares, les apasiona la política y el poder de cambiar la sociedad, y van juntos a todos lados compartiendo opiniones, en diálogo constante.

Uno de los mayores miedos de la Luna en Géminis es estancarse.

Aquí tocamos un tema importante. Si la observación del otro (o de uno mismo) se hace de forma superficial, enseguida acabaremos y nos cansaremos, al igual que cambiamos de libro a la tercera página o dejamos una terapia a la segunda sesión. La inconstancia es uno de los talones de Aquiles de esta Luna, y en las relaciones también puede aparecer. Así pues, habrá que observar al otro con profundidad, aprender a verlo desde muchas perspectivas distintas. Es como un juego exploratorio con el que disfrutar eternamente. Huir de la monotonía no significa cambiar de pareja cada tres años, que también es una opción para quien quiera. La clave estará en poder ver todos los matices de esa persona y acompañarla en su propio proceso de evolución.

Por último, habrá que jugar juntos con la vida. ¿Y si lo único importante fuera aprender de cada cosa que nos pasa o de cada situación que vivimos? Eso cambia la visión de todo.

La pareja será el gran cómplice para la asignatura de vivir.

Una de las cosas que más unirá a la pareja será motivarse en experimentar situaciones cambiantes, huir de lo previsible y buscar cosas que los estimulen a incorporar conocimientos nuevos. Así, conseguimos romper la herida de la dispersión y poner el foco en lo que nos interesa disfrutando del aprendizaje del día a día, y si es en compañía, mucho mejor.

Miedo:	Ignorancia
Apego:	Conceptualizar
Reacción:	Dispersión
Aprendizaje:	Focalizar
Potencial:	Conectar

LUNA EN CÁNCER
Y EL MIEDO A CRECER

(Luna en Cáncer o en casa 4)

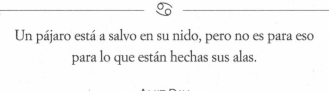

Un pájaro está a salvo en su nido, pero no es para eso
para lo que están hechas sus alas.

— AMIT RAY

LA ESTRATEGIA DE PENÉLOPE CRUZ

Quizá lo más difícil que le puede ocurrir a alguien con esta Luna es sentirse lejos de casa, y a Penélope Cruz le tocó triunfar a siete mil kilómetros de distancia. Nuestra actriz más internacional se fue a Hollywood con apenas veintiséis años y aunque para muchos eso sería la experiencia más apasionante de su vida, en sus primeras entrevistas ella contó que la cosa le costó más de lo que pensaba.

Hace poco vi una entrevista que le hizo el periodista Jordi Évole y ella contaba que si fue capaz de marcharse fue porque siempre lo hizo con un billete de vuelta. Se iba para tres meses, un semestre, cuatro semanas, lo que fuera que durase el rodaje, pero nunca con la idea de instalarse definitivamente. Qué astuta.

Años más tarde, y tras varios romances reales o publicitarios con actores hollywoodienses, se casó con el español Javier Bardem, con quien no solo había trabajado en una de sus primeras películas cuando era una adolescente, sino que también había compartido cartel con su madre y su hermano. Vamos, que no debieron de hacer falta demasiadas presentaciones oficiales para que encontrara los brazos abiertos en casa de los Bardem. Era una hija más en aquella familia tal como ella misma contó cuando falleció la matriarca.

Penélope tiene la Luna en Cáncer y en la casa 4. Su cara redonda como la propia Luna la delata, al igual que a Laetitia Casta, Shakira o Miranda Kerr.

Para estas personas, el hogar, el calor, la familia y lo conocido son muy importantes, por eso les puede costar más que a otros adaptarse a cambios de vivienda o a las famosas salidas de la zona de confort. El cangrejo que las representa camina hacia atrás, señalando que solo avanzan si se sienten seguras, si no, se paralizan y se encierran dentro del caparazón. Un poquito para adelante y un poquito para atrás, como Penélope cuando se fue.

En este apartado hablaremos de la herida de esta Luna, no querer crecer, resistirse a salir del nido, y trabajaremos en su máximo potencial, cuidar y cuidarse como nadie lo haría.

EL SÍNDROME DE PETER PAN

La Luna en el signo de Cáncer o en la casa 4 marca la importancia de la parte más infantil de quienes nacieron con ella. El niño interior toma fuerza y los miedos más arraigados afloran. Puede ocurrir porque haya sucedido algo en la infancia y hayan quedado encallados en ese momento, o que sea simplemente por apego a aquella etapa en la que no había responsabilidades y todo era juego. Es como si se resistieran a soltar aquel momento en que no tenían que preocuparse por nada porque otros se encargaban de todo.

Puede que las personas con la Luna en Cáncer se resistan a crecer y busquen amparo en la primera pareja que encuentren.

No hay nada malo en conectar con nuestras necesidades o con nuestro niño interior, al contrario. Pero una cosa es tenerlo en cuenta y la otra instalarse ahí. Si lo hacemos, viviremos con tensión, puesto que el mundo no está montado para ser resuelto con las herramientas de un crío, y aparecerá el miedo como emoción base.

Voy a poner un par de ejemplos de la realeza, que a quien más o a quien menos lo situará. Si nos fijamos en la mirada del príncipe Guillermo de Inglaterra observaremos que no es misteriosa ni desafiante, ni siquiera altiva. No transmite demasiada fuerza a pesar de tener la voz muy grave y la espalda de Thor. Su mirada desprende inocencia y timidez. Como si aquel niño que perdió a su madre ante la mirada de todos nos estuviera pidiendo un abrazo de consuelo por todo lo que tuvo que sostener, cuando ni siquiera estaba preparado para ello. O Carlota Casiraghi, la hija de la princesa de Mónaco, con la misma Luna. Es un bellezón y ha protagonizado portadas por doquier, pero casi nunca aguanta la mirada a la cámara cuando la entrevistan, como si le implorara al periodista que no fuera muy duro con sus preguntas.

No es de extrañar que una de las cosas que los nacidos con esta Luna busquen en sus parejas sea la serenidad y madurez. Carlota tiene dos hijos, el primero del cómico Gad Elmaleh, quince años mayor que ella, y el segundo del productor de cine Dimitri Rassam, cinco años mayor. En el caso de Guillermo, lleva años casado con Kate Middleton, una chica Capricornio, signo de responsabilidad, disciplina y constancia.

De alguna forma es como si ambos les dijeran a sus parejas que fueran capaces de verlos más allá de sus cargos institucionales. Que vieran a la persona humana y vulnerable que hay detrás de la Corona y los protegieran con cariño y ternura como si de un hijo o un familiar se tratara.

Esto puede parecer bonito a corto plazo, pero si se exagera, delegarán en otros su propia seguridad y confianza en la vida, enquistarán sus miedos y crearán relaciones de dependencia, al temer que el otro se vaya o les deje solos.

Quienes se instalan en el miedo como zona de confort acabarán inventándose peligros para justificar dicho miedo y conseguir que los protejan.

Es muy importante que esta Luna madure; solo de esa manera podrá crecer sin perder la calidez y responsabilizarse de su vida de forma autónoma. Que nadie se asuste, en el siguiente apartado explicaré cómo hacerlo.

A CRECER NO TE ENSEÑA NADIE

Habrá quien tenga esta Luna y se identifique con el rol contrario, el de cuidador. En realidad, es lo mismo, puesto que tanto si somos los cuidados como los cuidadores, en ambos casos establecemos como elemento de vínculo con el otro el hecho de cuidar y proteger.

A todos nos gusta mimar a nuestra pareja, pero esa no puede ser la base de la relación, ya que infantiliza a uno de los miembros y crea una jerarquía en la que uno asume el rol activo (el cuidador) y el otro el rol pasivo (el cuidado).

Cuando mi abuela envejeció tomaba un montón de pastillas. Mi tía, enfermera jubilada, le compró un pastillero con compartimentos para cada día de la semana, donde le ponía las que tocaban ordenadamente. Llegó un momento en que mi abuela no sabía lo que tenía que tomar, a menos que mi tía se lo dejase preparado. Sin pretenderlo, la hija había vuelto inútil a la madre al crear un lazo de dependencia indestructible. «Sin ti no sé qué haría», le decía mi abuela a mi tía.

A los pocos meses, mi abuela decidió ir a vivir con mi tía y esta envejeció de golpe. «Cuidar a una persona mayor es agotador», se lamentaba. Lo que no veía es que gran parte de la dinámica la había creado ella misma.

Las relaciones son un terreno adulto en el que las dos personas están en la misma posición jerárquica y se apoyan por igual.

Cuando no hay igualdad, ambos miembros de la relación suelen desgastarse a largo plazo. Los que ejercen el rol de cuidador acaban agotándose, ya que no les queda energía para lo suyo propio. En mi consulta he visto a muchas personas con esta Luna con dificultades para tener hijos o con rechazo a tenerlos. Esto sucede porque en realidad ya tienen el cupo más que cubierto, sobrepasado, porque en el fondo están al cargo de muchas personas a su alrededor.

Si las parejas son un algo adulto, la maternidad también.

El que tiene el rol de la persona cuidada puede generar una dependencia muy fuerte de su cuidador, dado que, al estar protegido por él, no desarrolla sus propias estrategias de supervivencia y, sin darse cuenta, genera una dependencia abismal.

¿Qué pasaría si cada vez que un niño tuviera un problema acudiera la madre para solucionarlo?, pues que cuando creciera no sabría hacer nada sin ella. Ella se agotaría y él viviría asustado hasta que encontrara otra madre, la profesora, por ejemplo, que cumpliera esa misma función. Hay mucha gente que coge una primera pareja únicamente para ayudarle a salir de casa de sus padres. Enfrentarse al mundo adulto con diecitantos o veintipocos asusta, es más fácil hacerlo acompañado. A menudo, esa pareja solamente tiene esta función, sacarnos de casa y enfrentarnos al mundo; conviene detectar el momento en el que ya nos sentimos fuertes como individuos para soltar ese paracaídas y empezar a manejar nuestras propias cuerdas.

Para eso es importante hacer un buen trabajo con la madre real que uno ha tenido, a fin de que no busquemos replicar sus cuidados en toda persona que conozcamos, sino que empecemos a encontrar un camino propio y autónomo de autosostén.

La única forma de aprender a madurar es caminando, saliendo del nido y afrontando lo que hay. No queda otra, la valentía es individual. El miedo es algo que sucede en nuestra cabeza y la forma de vencerlo es pasar de lo imaginario a lo real. A ser fuerte se aprende practicando, asumiendo responsabilidades, trabajando para alcanzar nuestras metas, gestionando nuestras emociones sin salir corriendo y siendo consecuentes con nuestras acciones. Cuanto más lo hagamos, más confianza adquiriremos y más fácil será sentirnos cómodos. Queremos convertir el terreno desconocido en zona de confort.

Crecer implica comprender el riesgo como algo inherente a la vida.

Antes de continuar, deja que señale un pequeño matiz etimológico. La palabra «amor» viene del latín y se relaciona con una raíz indoeuropea *amma*, voz infantil para llamar a la madre. Pero todos hemos estudiado aquello de que los griegos denominaron los tres tipos de amor, Eros, Ágape y Philia, y sabemos más que de sobra que el amor maternal deserotiza las relaciones. No digo más.

APRENDER A CUIDAR BIEN

Si uno no ha hecho un trabajo profundo con respecto a su madre, es posible que tenga un lazo más fuerte con ella de lo que cree y para tratar de sanarlo vaya ejerciendo de mami con los demás, por ejemplo, sintiendo mucha empatía hacia aquellos que necesiten cuidado, ofreciendo ayuda a todo el que la precise. Si uno crea los lazos a través del cuidado, busca lo que hay que cuidar en el otro y, en consecuencia, se centra en su debilidad. Y si no la hay, la creará. Así justifica su rol y, por tanto, mantiene la relación. Pero ¿qué pasa cuando el otro no lo necesita?

Quien insiste mucho en ofrecer ayuda está pidiendo ayuda a gritos.

El primer paso para cortar las dependencias emocionales es fijarse en las fortalezas, en lugar de poner por delante las fragilidades. Si nos centramos en lo que el otro no puede hacer, aparecerá el instinto protector y pondremos en marcha el mecanismo. Evitemos que aparezcan palabras como «pobrecito» o frases como «él no puede», «no sabe» o «no es su culpa» y cambiémoslas por la certeza de que podrá, creará sus propias habilidades, aprenderá y saldrá airoso de la situación. Lo hará a su manera y no a la nuestra, ahí está el gran reto.

Confianza es compartir la vulnerabilidad del otro sin tener que hacer nada con ella.

El trabajo con uno mismo funciona del mismo modo. En lugar de compadecernos por lo que nos ha pasado o lo que nos cuestan las cosas, pongamos el foco en lo que sí sabemos y vayamos a por ello, el resto se fortalecerá solo o perderá peso, no tengamos miedo. La gurú americana de las emprendedoras Marie Forleo siempre dice: «Hazlo aunque no estés preparada». Sabias palabras.

Voy a ir un poquito más al fondo, si me lo permites, de algo un poco incómodo de ver. Cuando nos fijamos en la debilidad de alguien y nos apresuramos a compensarla estamos ejerciendo un acto de soberbia. Creemos que nosotros sabemos más de su vida o sus circunstancias que él mismo. Pero démonos cuenta de que no estamos en su cuerpo, no hemos vivido su infancia, no tenemos su carta ni sabemos cómo siente él las emociones. Cuando le permitimos que haga lo que crea a su ritmo, a su forma y con sus herramientas, transformamos la soberbia en confianza hacia él, y la confianza es uno de los ingredientes básicos del buen amor. Aquí empieza a cambiar todo.

Recapitulando: mientras sigamos viendo al príncipe Guillermo como el pobrecito niño que perdió a su madre y tuvo que crecer a la fuerza entre las garras de la corte de Isabel II, no podremos evitar el impulso de querer cuidarlo y protegerlo de todo lo que le pase. Así solo conseguiremos hacerle un inútil emocional, incapaz de gestionar sus dramas por sí solo. Pero la vida es un examen que hacemos en solitario. Cuando empecemos a ver al hombre inteligente y maduro, formado para llevar adelante un país entero, podremos empezar a verlo por completo y establecer una relación entre iguales. Entonces es cuando podemos salir de la relación sin culpa o definir qué relación queremos con el otro desde la libertad, y no desde la desesperación.

Cuando nos fijamos en las fortalezas del otro, podemos relacionarnos desde la voluntad y no desde la necesidad, y ahí todo cambia.

SOFÁ, PELI, MANTA... Y SUEGRA

Como hemos visto, la clave de sanación de esta Luna es trascender a la madre. No hablo de romper el vínculo con ella o dejar de ser atentos con los demás. ¡Para nada! Quienes nacieron con esta Luna tienen la función de cuidar su entorno, disfrutan haciéndolo, es su lugar y lo hacen como nadie.

Se trata de que aprendan a gestionar esta posición para que no les cargue y no creen relaciones jerárquicas como esas de las que te acabo de hablar. Eso significa no presuponer que saben lo que les pasa a los demás ni adelantarse a satisfacer sus necesidades. Las madres pueden ser muy invasivas, cuando, en lugar de preguntar qué necesitamos o qué nos pasa, simplemente adelantan posiciones o creen que nos conocen mejor que nosotros mismos y deciden de manera unilateral. Eso no es respetuoso. Como tampoco lo es proyectarse, creer que lo que a ellas les iría bien en esta misma situación es lo que nos va a ayudar a nosotros.

**Cuidar significa tener un rol neutro
en la situación y mostrar apoyo
en forma de presencia.**

Cáncer es un signo de agua y, por tanto, muy sensible; en ocasiones preferirá un abrazo a una sarta de preguntas. Quizá lo más adecuado sea simplemente estar a su lado y ofrecer presencia para cuando la necesite.

Con la confianza que ahora nos une, te voy a contar un secreto. En mi web no aparece en ningún lado la opción de regalar sesiones a nadie y por Navidades procuro estar calladita en las redes. No me gusta que regalen mis servicios porque entonces me suele consultar gente que acude porque se lo han dicho, no porque realmente quiera. Eso me agota y me desgasta sobremanera. En cambio, cuando alguien ahorra durante un tiempo y decide que esta es la herramienta que puede darle las respuestas que necesita, y que yo soy la persona adecuada, viene ilusionada, activa, preparada y, sobre todo, con muchas ganas de recibir. Entonces sí les puedo ayudar y ambos disfrutamos de la sesión.

Nada puede ayudar a quien no quiere ayuda. Insistir solo tensará el vínculo hasta romperlo.

Este es solo un ejemplo en primera persona de cómo se siente alguien que ha cedido las riendas que pueden solucionar su problema a otro o quien las ha cogido por sí mismo. La diferencia es como de la noche al día.

A veces, cuando alguien se ha sentido poco cuidado o mal cuidado por un familiar o una pareja anterior, espera que otros le cuiden para compensar la experiencia que vivió. O se dedica a cuidar a otros esperando algún tipo de equilibrio kármico. Y la lía, porque solo consigue perpetuar la situación.

Cáncer es un signo muy marcado por el pasado, que le pesa especialmente, y puede tender a repetir patrones con mucha facilidad.

Habrá que tener cuidado con repetir historias familiares o experiencias anteriores propias. Quizá sería interesante preguntarse cuál es el primer recuerdo que se tiene sobre el amor. O, antes de empezar la relación con una nueva pareja, qué memorias se han creado de la anterior que puedan condicionar la siguiente. Aquello de que cualquier tiempo pasado fue mejor o qué hubiera pasado si el ex hubiera actuado de otro modo lo dejaremos para las películas románticas, no para la vida real.

Quédate en paz con tus relaciones pasadas para que no te arruinen las presentes.

Además, aquí tenemos una línea enorme para trabajar en pareja. Nuestro pasado nos define porque las experiencias que vivimos van construyendo la persona que somos hoy. En las relaciones más aún. Al conocer el pasado de ambos miembros de la pareja podremos ver si andan en direcciones de aprendizaje similares, y esto puede ser la clave de su conexión. Y todavía le veo una ventaja extra, si nuestra historia nos condiciona tanto, cuidemos con extremo mimo el momento actual, porque será el pasado de los próximos años.

UN HOGAR PARA SIEMPRE

Una vez hemos entendido que hasta que aprendamos a cuidarnos nadie podrá cuidarnos bien, es momento de disfrutar de esta Luna, la cual tiene muchísimas cualidades. Para algo está en su signo y más fuerte que nunca, es como si estuviera en su casa, de anfitriona, disponiendo de todo lo que necesita para ponerse a trabajar.

Para ella, trabajar significa conectar con sus propias necesidades (recordemos la importancia de que sean nuestras y no las que el entorno nos ha hecho creer que tenemos). Se trata de saber qué necesitamos y dárnoslo. Así nos vamos convirtiendo en expertos en sentirnos, entendernos y conocernos, para poder hacer lo propio con la pareja.

Se trata de abrazar la fragilidad como lo haría una madre, pero con el respeto y la distancia que un hijo adulto pediría.

Se trata de buscar a alguien que sea familia para nosotros, que nos proporcione lo que necesitamos y entienda lo que pedimos. Empecemos por compañeros de gimnasio, de trabajo, amigos o conocidos. Aquí lo importante es cuidar y sentirse cuidado. Saber qué necesitamos y cómo pedirlo para que el otro nos lo pueda proporcionar con facilidad. Así, cuidarse y cuidar no se convierte en algo incómodo, cargante o arriesgado, sino que se vuelve un placer.

El amor se convierte en un hogar cálido en el que habitar gustosamente, junto a alguien que acaricie con ternura todo lo que suceda.

Quienes tienen esta Luna son creadores de calor y hogar, por eso les gusta pasar temporadas en casa, sobre todo cuando necesitan recuperarse emocionalmente porque están cansados o afrontan alguna dificultad.

Caseros y familiares, les gusta conectar con su pasado y con el de su pareja. Pero no para reprochar algo o regodearse en tiempos pasados, sino porque cuando uno conoce los orígenes del otro puede comprenderlo mejor. Saber de dónde viene quien tenemos enfrente nos ayuda a entender el camino que ha hecho hasta llegar al punto en el que está. No para justificarlo, sino para ayudarle a no repetir el patrón y a avanzar teniendo en cuenta lo que ha dejado atrás.

Conocer a alguien implica conocer su historia, sus miedos y su pasado.

Cuando los que tienen esta Luna conocen de dónde viene la otra persona se forman una idea de su identidad. Así, se sienten cómodos para compartir cualquier vulnerabilidad sabiendo que lo harán acariciando el alma. Han aprendido a hacerlo con ellos mismos y disfrutarán al hacerlo con los demás. No necesitan que se les demuestre nada ni que se les intente seducir con un buen coche o un buen trabajo. Ese no es su terreno. A ellos se los seduce contándoles errores, fragilidades y heridas.

Nada une más a dos personas que compartir vulnerabilidades sin apariencias.

La pareja, igual que la familia o el lugar en el que vivimos, tiene que ser el campamento base que nos dé fuerzas para salir a buscar nuestra meta. Esa tranquilidad nos sirve de catapulta, nos anima a ir hacia delante pero con red. Quien se sabe comprendido en casa puede atreverse a lo que quiera. Quien tiene sus sentimientos a buen recaudo puede permitírselos y aprender de ellos.

Aquí buscamos en el otro esos brazos abiertos, comprensivos y respetuosos. Alguien que nos agarre de la mano y la apriete con firmeza dándonos la confianza de que lo estamos haciendo bien. Como Antonio con Penélope. Qué bonita esa pareja que consigue dejar atrás al niño herido que todos llevamos dentro para intercambiar lazos de adulto a adulto y encuentran en el otro un hogar en el que descansar el corazón. Bienvenidos a casa.

Miedo:	Asumir responsabilidades
Apego:	Proteger
Reacción:	Infantilización
Aprendizaje:	Asumir riesgos
Potencial:	Ternura

CÓDIGO 5

LUNA EN LEO
Y EL MIEDO A NO SER VISTO

(Luna en Leo o en casa 5
o en tensión con el Sol)

Si te enamoras de las flores y no de las raíces,
en otoño no sabrás qué hacer.

ANTOINE DE SAINT-EXUPÉRY

LA PRESIÓN DE SER JULIA ROBERTS

No hay película en la historia del cine romántico que lo haya petado tanto como *Pretty Woman*. El personaje de Vivian Ward convirtió a Julia Roberts en «la novia de América». Además, la carrera de esta actriz parecía no tener altibajos, desde *El informe Pelícano* hasta *Quédate a mi lado*, pasando por *Erin Brockovich* o *Todos dicen I Love You*. Era la envidia de cualquier artista y la admiración del mundo entero, que besaba el suelo por donde ella pasaba.

Pero el éxito frente a las cámaras no se correspondía con el de fuera de ellas. Esa nube de fama que la envolvía no debió de ser sencilla de gestionar en su vida privada, porque, no nos engañemos, encontrar pareja no es fácil para las personas famosas. Por si no lo sabes, existen aplicaciones para ligar creadas específicamente para los vip. Supongo que siempre debe sobrevolar la duda de si el otro se enamora de la persona o del personaje, y de este modo cierran el círculo asegurándose de que están todos en la misma situación.

La propia Rita Hayworth, en su día, dijo: «Los hombres que he conocido se han acostado con Gilda y luego se han despertado conmigo».

Volviendo a Julia, salió con Daniel Day-Lewis, con Benjamin Bratt, con Liam Neeson y con Matthew Perry, entre otros varios compañeros de reparto. Incluso llegó a estar comprometida con Kiefer Sutherland, pero anuló la boda tres días antes por una infidelidad de él, casi lo peor que le puedes hacer a Leo. Quienes, como Julia, tienen esta Luna necesitan mucho reconocimiento, sentirse únicos y especiales. Quieren que se les priorice para contar con un lugar especial en la vida y el corazón de su compañero. Por eso un desplante puede ser una verdadera puñalada, lo mismo que si se los ignora, se les ningunea y ya ni te digo si se les sustituye por otra persona.

Para sentirse seguros, quienes tienen la Luna en Leo, necesitan notar que se les ve y se les da importancia.

El origen de esta necesidad puede ser muy variado. A veces la persona viene de ser el niño de los ojos de mamá o del quinto tratamiento de fertilidad de sus padres, y tiene el recuerdo de haber sido recibido con alfombra roja. En ocasiones pasa todo lo contrario, ha sido poco mirado. Recuerdo una conversación con una consultante con esta Luna, me decía que sus padres la habían mandado a un internado mientras que su hermana mayor se quedó en casa. Se sintió desplazada porque era invisible a todo lo que iba sucediendo en la familia, y ahí se formó la herida que posteriormente intentó curar convirtiéndose en una de los mejores consteladores familiares del país.

La popularidad suele proporcionar autoestima a quien la ha perdido por el camino.

Cuando esta chica entró en crisis vocacional, se dio cuenta de que las constelaciones eran algo que se le daba bien, había crecido muy rápido en un momento en el que apenas tenía competencia y se había hecho un nombre con relativa rapidez, sin pararse a pensar desde dónde llevaba a cabo las sesiones o si realmente eso la llenaba. Vio que tener la clase llena y ser cabeza de cartel en el congreso de turno quedaba muy bien para la foto en las redes sociales, pero en el fondo a ella no le gustaba trabajar con tanta gente. Al contrario, era buena en el tú a tú, en la intimidad, en el grupo reducido, pero, claro, eso no era tan espectacular.

Si intentas ser quien no eres malgastarás la persona que eres.

Lo importante aquí es percatarse de que hay una herida con respecto a la visibilidad, por exceso o por defecto, ya sea porque la persona está acostumbrada a ser la protagonista y no quiere bajarse de su altar, o porque no lo ha sido nunca y lo desea con anhelo. En ambos casos requerirán una pareja que les haga sentirse únicos e inigualables, como Richard Gere superando el vértigo para llevarle el ramo a Julia en la escena final de la peli. Así entran en su zona de confort y pueden relajarse. Pero esto tendrá contrapartidas, como todo.

Quienes necesitan ser el centro de atención corren el riesgo de eclipsar al resto y provocarán en otros la misma herida de la que huyen.

Por eso es tan importante que tomen conciencia de las veces en que la energía se centra en ellos y que puedan repartirla entre los demás para que nadie quede apartado.

Al contrario de lo que pueda parecer, la necesidad de visibilidad no implica que tengan que ser especialmente extravertidos, sino que cuando están en confianza quieren que se les note, que se los tenga en cuenta y se les dé un lugar de relevancia en la conversación. Que se hable de ellos o con ellos.

Recuerdo a Julia Roberts en la peli *Notting Hill*, cuando Hugh Grant la lleva a cenar a casa de su hermana; todos flipan con la novia famosa que se ha echado y se olvidan por completo del pobre Hugh. En la cena, todos acaban contando sus dramas, hasta que ella irrumpe con el suyo y aniquila los otros. No digo que no lo haga con la intención de ayudar a los demás a relativizar lo suyo, digo que a menudo estas personas no se sienten cómodas callando sus circunstancias y cediendo el protagonismo a otro. Y en estas pequeñas cosas se van comiendo el terreno hasta dejar al otro a cero. A menos, por supuesto, que lo vean y lo regulen. Aquí aparece una de las principales dificultades de esta Luna en pareja: ver al otro, cederle espacio y compartir trono.

Es el turno de analizar la Luna en Leo o con aspecto tenso con el Sol. ¡Al loro!, porque esto incluye a todos los que hayan nacido en luna llena o en luna nueva.

Cuando la Luna está en calidad de llena es porque el Sol está haciéndole oposición, por eso la ilumina por completo. Pero, aunque parezca muy romántico, ya hemos visto que la oposición es un aspecto de tensión y habrá que trabajarlo como tal.

De la misma forma, cuando alguien ha nacido en luna nueva, eso significa que el Sol y la Luna están bien juntitos en la carta (es lo que sucede cuando miramos al cielo y la Luna apenas se ve). Recordemos que la conjunción también es un aspecto tenso, por tanto, hay que ponerse las pilas, exactamente igual que con la oposición o la cuadratura.

Una leyenda urbana dice que las embarazadas paren más cuando la Luna está con estos aspectos. Si es cierto, ya podemos empezar a coger subrayador algunos de nosotros y a ver quién se atreve a lanzar la primera piedra. Yo no puedo, lo confieso.

En este apartado veremos la principal dificultad de este signo, la tendencia a acaparar atención y verse solo a sí mismo, así como su mejor potencial, el carisma del líder nato que consigue que todos brillen a su alrededor. Encendamos los focos, que ahí vamos.

SOY LO QUE SOY

Tal como cantaba Gloria Gaynor *I am what I am and what I am needs no excuses* (soy lo que soy y lo que soy no necesita excusas). Gloria también tiene el Sol en tensión con la Luna. Esta frase posee una parte que desprende rigidez y pocas ganas de amoldarse a lo que los demás necesiten, pero también es una lanza en pro del amor propio y el orgullo por lo que uno es. Leo tiene estas dos partes, habrá que trabajar la primera para que derive en la segunda con naturalidad.

Cuando uno no sabe darse amor propio, no le queda otra que mendigar atención a los demás.

Entonces se vuelve adicto al aplauso ajeno, cree que eso le da valor y así se siente querido. Para crear una versión idílica de sí mismo, a fin de que todos se enamoren de él y quieran estar a su lado, se pone máscaras, pero lo único que logra es sentir una presión terrible por tener que estar a la altura de lo que esa careta exige.

Algunos parecen incluso arrogantes, fruto de la tensión que tienen en su interior por no perder lo que en apariencia les funciona. De cara afuera, parecen seguros y dicen cosas como la canción de Gloria Gaynor, pero por dentro están temblando por temor a que alguien descubra quién se esconde ahí detrás. Por eso se ofenden con muchísima facilidad y les importa tanto la imagen que la gente tenga de ellos.

El mayor temor de quienes tienen la Luna en Leo es que se les humille o se les deje mal en público, porque piensan que al bajar del altar perderán el motivo por el cual son queridos.

Es como si el marido de Julia Roberts nos dijera que la muchacha ronca y se tira muchos pedos. Dejaríamos de verla como la diosa que la prensa nos vende y ni compraríamos su colonia ni iríamos a ver sus pelis. Esa es la creencia de esta Luna y el motivo por el cual las personas que nacieron con ella viven intentando seguir siendo la niña de los ojos de papá o la novia de América al precio que sea.

Si buscamos que los demás nos pongan en un altar para creernos importantes, haremos lo que ellos quieran y perderemos personalidad y, sobre todo, libertad.

Y, claro, el vacío interior puede ser más grande que la catedral de Burgos. Cuando esto sucede, la persona se vuelve introspectiva, tímida y no se quiere mostrar ni ser el centro de atención, con lo que se desconecta de lo que en realidad necesita. Y si uno mismo no sabe darse lo que le va bien, muy difícilmente podrá hacerlo alguien desde fuera. Por consiguiente, hasta que no aprendamos a cultivar el amor por nosotros mismos, no podremos avanzar en las relaciones con los demás.

Para ello deberemos recuperar el protagonismo de nuestra propia vida, dedicarnos tiempo, energía y dinero. Pero no solo eso, deberemos atrevernos a preguntarnos quiénes somos más allá de lo que nos haga populares o que los otros nos admiren. Y ser consecuentes con eso, aunque para conseguirlo perdamos a algunos por el camino.

Mientras escribo estas líneas me vuelve a venir a la mente Julia Roberts y me fijo en que cuando salía con actores populares que le proporcionaban portadas de revista y más fama, la cosa no iba muy bien, que digamos. Pero desde que ya no necesita demostrar nada a nadie ha podido encontrarse a sí misma, está casada desde hace veinte años con un cámara de cine anónimo y se permite escoger las películas en las que quiere participar, sean superproducciones o no.

Empezamos a brillar cuando no tenemos nada que demostrar.

Y ahora que la autoestima ya no viene de un puñado de *likes* o de unas palabras bonitas, ya no es necesario acaparar la atención ni ser el centro de nada más que de la propia alma. Y aquí es cuando la relación con uno mismo y con los demás evoluciona, porque ya no hace falta estar por encima de nadie para asegurarse el amor.

Una gran persona no te hará sentir pequeño porque su ego no se alimenta del tuyo, sino del suyo.

Entonces uno puede priorizarse sin despreciar a otros o directamente ni verlos. No es lo mismo decir «Solo yo» que «Lo mío es importante». Lo primero conlleva egoísmo y lo segundo, responsabilidad. Dicho de otra manera, una cosa es que uno reclame su momento porque sabe que es necesario atenderse y otra que siempre tenga que ser su momento para ser feliz. A veces esto es fácil de ver en otros y muy difícil de reconocer en uno mismo, pero ahí radica la clave de todo.

LA NECESIDAD DE RECONOCIMIENTO

Uno de los principales problemas a la hora de relacionarse de quienes tienen esta Luna es que, aunque parezca una contradicción, en el fondo no se ven a sí mismos. Procuran que los demás los vean a toda costa y obtener visibilidad por algún lado. Si Julia Roberts no sabe quién es, se creerá lo que las revistas digan. Y, en consecuencia, será muy susceptible a lo que opinen de ella.

La realidad es que si no nos vemos a nosotros mismos, los demás no nos verán.

¿Te han regalado alguna vez algo que no va para nada contigo? A mí sí, muchas veces. Es cierto que puede ser debido simplemente a la torpeza de quien regala, pero en la mayoría de las ocasiones es porque nosotros hemos dado una imagen equivocada de lo que somos. En el amor ocurre lo mismo, si mostramos una máscara, el otro se enamorará de ella y no de lo que hay tras ella, y luego no sabrá cómo tratarnos ni qué darnos.

Además, uno no puede vivir con la sensación de tener que interpretar un papel para seducir al personal. Por eso tiene que ir con cuidado con lo que vende y con aquello por lo que quiere que se le valore, porque después habrá que sostener ese peso. Si el amor únicamente aparece cuando uno de los dos es popular, especial o exitoso, se acabará cuando la máscara caiga. Porque tarde o temprano caerá, uno no puede fingir constantemente, y menos en una relación de confianza y cercanía como debería ser la de pareja.

**Los endiosamientos separan porque,
si uno queda muy lejos del otro, se dificulta
la complicidad.**

Cuando rompemos esa necesidad de grandeza, tanto nuestra como de otros, podemos ver lo que hay y relacionarnos con honestidad eligiendo al compañero que mejor se adapte a lo que somos. Si no, es como si pretendiéramos que un león no nos comiera porque somos vegetarianos. Vivimos anhelando que todo gire a nuestro alrededor, como si todos fueran como nosotros o los otros tuvieran que parar el mundo por satisfacer nuestras necesidades. Y eso agota a los demás.

CUÁNDO APAGAR EL FOCO

Ahora que nos vemos, podemos definir con quién queremos estar. Obviamente, sabemos que la Luna está en Leo o en tensión con el Sol, por eso nos convendrá unirnos a personas que nos cedan el lugar en el escenario bien iluminado, no entre bambalinas, y no porque lo necesitemos desesperadamente para sentirnos queridos, sino porque nos gusta ese lugar. El matiz es importante.

El otro tiene que ser compatible con eso, ya sea porque le encantan nuestras ganas de mostrarnos o porque su zona de confort es la contraria, quedarse un pasito atrás. Eso sí, que alguien no pida demasiado protagonismo abiertamente no significa que no tengamos que dárselo en algún momento, porque todos somos humanos y hay que saber compartir altar.

Una vez vino a uno de mis cursos una señora que, mientras yo explicaba este tema, se rompió y se puso a llorar. Al terminar le pedí que se quedara por si necesitaba hablar y me contó que llevaba años tirándole en cara a su marido lo mucho que viajaba por trabajo y el poco tiempo que le dedicaba a ella. Me dijo que ese día se había dado cuenta de que lo primero que hacía él al llegar al hotel era llamarla, que le traía obsequios de cada uno de sus viajes, como cuando eran novios, y que el día de la llegada siempre se bloqueaba las primeras horas para estar juntos y contarle lo que había estado haciendo. Creo que recordaré la cara de esa mujer toda la vida, su mirada desprendía una felicidad increíble aunque sus ojos estaban empapados de lágrimas. Se las secó y me anunció que iría directa a casa para darle las gracias a su pareja por todo lo que hacía por ella.

A veces el otro no puede proporcionarnos más atención de la que nos da porque cruzaría la línea peligrosa de quitársela a sí mismo.

Por eso era tan importante el primer punto del que hemos hablado unas líneas más arriba: aprender a conseguir esa atención por nosotros mismos, porque así regulamos la que pedimos fuera. Esto es aplicable a las relaciones, pero también al trabajo y a casi cualquier ámbito de nuestra vida. Si solo nos sentimos protagonistas si otros nos dan ese lugar en su vida, crearemos relaciones tóxicas en las que pediremos más de lo que podemos dar. En cambio, si nos acostumbramos a proporcionarnos esa palmadita en la espalda por nuestra cuenta, crearemos relaciones sanas porque el otro nos podrá dar hasta donde quiera y pueda. Así romperemos esa dependencia, ganaremos en seguridad y aumentará la calidad de nuestras relaciones.

La autoestima solo lo es si responde a lo que nosotros vemos y nos damos a nosotros mismos, no a lo que los demás vean o hagan.

Llegados a este punto, es momento de darle una vuelta de tuerca más al asunto. Voy a contar por qué valorarse uno mismo es un concepto que queda muy bonito a la hora de escribir pero es tremendamente difícil para estas lunas.

CÓMO DESPERTAR AL SEDUCTOR NATO

Para seducir a otros primero tenemos que estar enamorados de nosotros mismos. Pero no en el sentido narcisista de la expresión, sino que hemos de tener una buena autoestima para permitir que otros brillen sin tener miedo a que nos hagan sombra. Pero a veces eso no es tan sencillo y nos encontramos con la dicotomía de hacer lo que sentimos o hacer lo que sabemos que los demás admirarán y reconocerán. Gran dilema para la Luna en Leo: ser auténtico o ser admirado. Ahí está la explicación de por qué astrológicamente este aspecto se da cuando el Sol y la Luna entran en tensión. La persona se debate entre hacer lo que necesita para sentirse querida por los demás o ser fiel a lo que es. ¿Quererme o que me quieran? Esta es la cuestión.

Que nadie se ponga dramático, que si este signo rige las artes escénicas no es por casualidad. Hay un modo de resolverlo: marketing.

Leo es carismático y quienes tienen esta Luna son seductores por excelencia. Y no me refiero a la seducción sexual, que también, sino a la capacidad de meterse al otro en el bolsillo y conseguir lo que desean, ya sea un aumento de sueldo, un descuento o una cita. Leo es esa hermana mayor que le dice a la pequeña: «Déjame a mí hablar con mamá, yo la convenceré para que nos deje salir hasta las doce». Se trata de dominar la forma, el tono y el momento. Eso sí, para despertar este arte habrá que aprender a ver al otro, y recordemos que esa es la mayor dificultad de Leo, ceder el foco.

Si no aprendemos a seducir, puede que tengamos tanto miedo al rechazo que no nos atrevamos a sentir.

Imaginemos a una chica que acaba de descubrir que es lesbiana pero sabe que si se lo dice a su padre dejará de ser su hija preferida y perderá los privilegios que eso le proporciona. El riesgo es tan grande que su subconsciente podría llegar a bloquear lo que siente por las mujeres. Por eso la libertad va tan unida a la seducción. Si la chica conecta con el padre, comprende el porqué de sus creencias y se pone en su lugar, encontrará la manera de contárselo para que él lo acepte y ella pueda seguir siendo su hija favorita. No buscamos manipular sin más, buscamos que todos seamos felices haciendo compatibles nuestras realidades y formas de ser.

El buen seductor no es el que se siente ganador al conseguir lo que quiere, es el que se lo pasa bien metiéndose al otro en el bolsillo, sabiendo que ambos disfrutan por igual. El padre está feliz por seguir adorando a su hija y ella contenta de amar a quien quiere manteniendo el apoyo de su progenitor.

No se trata de buscar la felicidad propia a costa de la ajena. Se trata de que a través de la felicidad propia consigamos la ajena.

EL LÍDER EN LA VIDA Y EN LA PAREJA

Voy a ser muy sincera, la Luna en Leo cuesta de reconocer. Hay personas que ayudan a los demás para obtener reconocimiento, pero no son conscientes de ello. Hay quien se queja constantemente para conseguir atención, pero no lo ve. Hay quien enferma para tener a sus familiares a su alrededor, pero no lo hace conscientemente.

Que nadie se me ofenda antes de tiempo, no quiero decir que sean malas personas ni que no sepan ver más allá de su máscara, te hablo desde mi propia experiencia. Yo tengo la Luna en conjunción al Sol y me ha costado muchos años darme cuenta de las veces que me he enfadado solo para llamar la atención de alguien. Al fin y al cabo, soy la única hija de una madre que enviudó joven y centró su vida en su niña.

Las relaciones se me han complicado en muchas ocasiones por ver en los triunfos de otros una amenaza que pudiera eclipsarme y cargarse el motivo por el cual me ganaba el reconocimiento ajeno. ¿Te suena eso de culpar a otros de lo malo pero atribuirse los triunfos? Qué desastre.

Menos mal que lo vi (¡sigo en ello!): me percaté de la infelicidad a la que eso me llevaba y lo imposible de relacionarse desde ahí. Mandé la corona a tomar viento. Prefiero ser menos ideal y contar mis miserias con tranquilidad, como estoy haciendo ahora mismo. Eso me une a ti porque es más real, porque quiero que quien se enamore de mí lo haga de lo que hay, y no de lo que me gustaría que hubiera. Y eso lo cambia todo.

El verdadero líder es el que brilla sin quemar a nadie.

El liderazgo exterior solo sucede cuando hay liderazgo interior. Cuando uno consigue llegar a este punto de inflexión, logra estar orgulloso de quien es y con su mera presencia contagia a todos con su carisma. Entiende que en el cielo hay millones de estrellas y cada una luce su momento, sin apagar a nadie, sin competencia. Sabe que habrá personas que serán como la Luna, que necesitarán que se las ilumine desde fuera para verse a sí mismas. Leo es el que se encarga de hacer eso, de inspirar a otros al igual que las influencers inspiran a miles de personas solo con su forma de vestir. Sin imponer nada, sin forzarlo, solo mostrando. Así se atrae a quien le gusta tener un líder cerca en el que fijarse.

El buen líder no es aquel que gusta por cómo es, sino por cómo se sienten los otros consigo mismos al estar con él.

Eso es brutal. Eso es contagioso. Es un imán. Eso hace que, sin pretenderlo, la gente lo mire, lo reconozca y lo valore sin forzar nada. Es esa luz que desprende el Sol de manera natural solo por cómo es y alimenta de amor propio a todo aquel que esté cerca. Así, quien ha sufrido la herida de la falta de atención se convierte en alguien que se ve a sí mismo y otorga una mirada especial a quien tiene cerca, al crear un ambiente en el que todos se sienten reconocidos, valorados y atendidos.

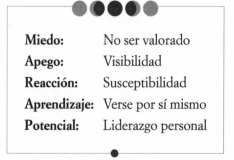

Miedo:	No ser valorado
Apego:	Visibilidad
Reacción:	Susceptibilidad
Aprendizaje:	Verse por sí mismo
Potencial:	Liderazgo personal

LUNA EN VIRGO Y EL MIEDO A NO SER PERFECTO

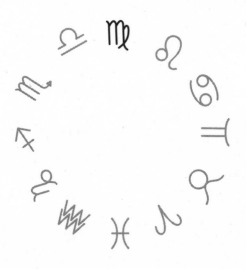

**(Luna en Virgo o en casa 6
o en tensión con Mercurio)**

El amor nace por los pequeños detalles
y muere por la carencia de ellos.

EL ARMA DE SEDUCCIÓN
DE NATALIE PORTMAN

Pocas actrices hay en Hollywood tan inteligentes como Natalie Portman. Aunque muchos la tengan en la cabeza por haber interpretado a la reina Amidala de *Star Wars*, quizá pocos sepan que es licenciada en Psicología nada más y nada menos que por la Universidad de Harvard. Natalie tiene la Luna en Virgo, y para ella una mente brillante es más importante que una cara bonita. Es una Luna práctica que busca sentirse útil a los demás, y tal vez piense que es más práctico entender el funcionamiento del cerebro que saber actuar. En una entrevista publicada en el *New York Post* declaró que no le importaba si la universidad arruinaba su carrera como actriz, prefería ser inteligente a una estrella de cine.

Virgo es un signo laboral. Quien nace con esta Luna necesita cumplir la función que le des en tu vida y así sentirse querido al ejecutarla.

Hay vocación de servicio en Virgo; quiere ensuciarse las manos para sentir que así ayuda a los demás y pone su esfuerzo en beneficio de la felicidad de las personas a las que quiere. Cuando se le asigna una tarea, entra en modo escáner para asegurarse de que no se le pasa ningún detalle de lo que tiene que hacer.

Mi amiga Miriam tiene esta Luna y es un placer invitarla a comer porque siempre insiste en ayudar a recoger la mesa y se presta para tirar la basura cuando se va, pero también le acomplejan sus inseguridades, ya que cree que si no es la invitada perfecta la vamos a dejar de convocar. Esto hace que se ponga tensa desde que llega hasta que se va. Cuando tiene una cita le pasa lo mismo. Vive en un permanente estado de alerta tratando de no llegar ni muy pronto ni muy tarde, atenta a que sus piernas estén bien cruzadas y que la conversación fluya para que la persona con la que se ha citado no se sienta incómoda. Y, claro, en este estado de tensión permanente es imposible relajarse y disfrutar de esa cita. No se suelta y, por tanto, no puede conectar con otra persona y decidir si le gusta o no.

Quienes estén en Virgo analizan cada detalle para asegurarse de que lo están haciendo bien, pues creen que en su perfección está su valía.

No puedo dejar de pensar que Natalie Portman conoció a su marido en el rodaje de *Cisne negro* porque él era el encargado de enseñarle a bailar. Y no hablamos de un bailarín cualquiera, sino de alguien que ha dirigido el ballet de la Ópera de París. Deduzco que debe de ser un hombre disciplinado y meticuloso, ya que, al fin y al cabo, su profesión va de corregir, mejorar y perfeccionar la coreografía hasta que quede impecable. Esta parte de él se entendió a las mil maravillas con Natalie, que posiblemente era la primera en querer parecer una bailarina profesional en la peli. Otra cosa es llevarse esto a casa y sentir que todo tiene que estar perfecto, desde el lavavajillas hasta la planificación del viaje de verano, porque este nivel de exactitud lleva a la obsesión o a la neurosis, y a la larga, resulta paralizante.

En este apartado analizaremos a la Luna más meticulosa, desde su principal talón de Aquiles, el exceso de análisis, hasta su capacidad de entrega a quien más quiere.

Espero ser concreta en mis palabras y no salirme del guión. Ten piedad, querido lector, y quédate con la idea y no con la corrección de la tilde, que seguro que más de uno se ha desconcentrado al ver que he escrito «guión», con acento cuando desde hace años la normativa dice que no debe llevarlo. No sabes lo tensa que me pone escribir este capítulo a sabiendas de que habrá tantos ojos virginianos analizando cada palabra. Me preparo una infusión bien *healthy* y comenzamos.

ME HIZO UN EXCEL
DE LOS BIBERONES

Al hablar de la inteligencia de Virgo, quizá más de uno le encuentre cierto paralelismo con la Luna en Géminis; es normal, ya que ambos signos se rigen por el planeta de la comunicación: Mercurio. Por tanto, a los dos les dará seguridad entender las cosas para poder gestionar las emociones, la diferencia es que en el caso de Géminis la inteligencia es conceptual y en el de Virgo, práctica. Por ejemplo, cuando Géminis pasa por un duelo necesita saber que existen unas fases y que él va por la tercera; cuando lo comprende se calma. A Virgo el concepto no le basta, quiere saber qué función cumple la tristeza en nuestro organismo, en las relaciones, y cómo demostrarlo de forma cuantitativa.

A quienes tienen la Luna en Virgo no les interesa solamente la idea, quieren concreción y resultados; les apasionan los Excel, las estadísticas y los diagramas.

Mi marido tiene la Luna en la casa 6, la de Virgo, y cuando nació nuestro hijo colgó en la nevera un Excel para anotar las tomas del bebé. Yo no tengo ni un solo planeta en ese signo ni en esa casa, así que no me acordaba nunca de hacer anotaciones en él y cuando me preguntaba por la última toma le respondía que había comido haría un par de horas... o tres. Esa falta de concreción le ponía de los nervios porque se sentía inseguro, no sabía si lo estábamos haciendo bien o el bebé pasaba hambre, así que después del primer mes decidimos regirnos por aquel Excel a rajatabla.

Seguir el Excel tenía una parte buenísima: estábamos tranquilos de hacerlo correctamente y podíamos planificar los biberones si íbamos a salir. Pero también tenía su parte mala: eliminaba nuestro instinto y corríamos el riesgo de sobrealimentar al bebé al no esperar su llanto. La organización nos fue bien, pero la rigidez nos llevó a desconectarnos del niño, al igual que le pasaba a mi amiga Miriam con sus citas.

**El exceso de control nos desconecta
de nuestras emociones, lo que impide
que podamos fluir con ellas.**

Buscar que todo responde a una norma predecible nos calma de primeras, pero vivido en exceso nos llevará a una prisión emocional que se cargará nuestra capacidad adaptativa cuando la vida nos traiga cosas que no estén en el plan. Las personas con la Luna en Virgo necesitan llevar una agenda, saber qué van a hacer el fin de semana y por qué quedar con unos amigos y no con otros. No fluyen bien en el caos porque no quieren improvisar. Quien hace las cosas sobre la marcha no puede dominar todos los detalles ni ofrecer perfección en su resultado, y eso les conecta con el riesgo de no sentirse queridos, como he explicado al principio. Ahí surgen los pensamientos repetitivos y la neurosis.

**La ansiedad es un clásico en las lunas
en Virgo, ya que viven en alerta constante
al tratar de dominar algo que no se puede
controlar: la vida.**

Uno no puede decidir qué le pasará, hacia dónde evolucionarán sus sentimientos o los de la otra persona, pero sí puede acomodarse a lo que venga, al igual que los barcos adaptan sus velas al viento que sopla en cada momento. El proceso de sanación de esta Luna lo empezaremos por aquí, aflojando rigidez y aprendiendo a amar la imperfección de la vida y de la condición humana. Solo así podremos abrir los brazos a lo que esté por venir y gestaremos el amor fluido en nosotros y en nuestra pareja. En el siguiente apartado explicaré una de las claves para lograrlo.

EL PERDÓN CONTIENE LA FÓRMULA DEL AMOR

Ya he dicho que para quienes están en esta Luna los detalles son importantísimos, de modo que no servirá de nada que le pidamos que no se fije en ellos. Pero también es cierto que si les prestan demasiada atención, no encontrarán a nadie lo suficientemente perfecto. Si se pasan con el análisis, provocarán la parálisis. Siempre habrá algo que falle: la persona escogida tendrá taras, el momento no será exacto ni la situación la adecuada, con lo que se frustrará cualquier intento de relación.

Buscar una pareja exenta de fallos es un suicidio, porque la vida no es así. Si esperamos a ser perfectos para sentirnos merecedores de amor, invertiremos la vida entera y no lo conseguiremos. Somos caóticos, erróneos y descompensados por definición. No se trata de buscar algo perfecto, puesto que eso solo hará que nos obsesionemos con nuestros fallos, sentiremos inferioridad con respecto a otros y volveremos a la necesidad de control, con lo que se creará un círculo destructivo. Se trata de provocarlo, de crearlo, de llevar nuestra idea de perfección a algo que pueda existir.

La primera regla para crear una buena pareja será entender la naturaleza de la vida e incluir el error como parte del plan. Estoy hablando básicamente de perdonarse. Perdonar no es disculpar ni justificar. Perdonar es aceptar que nadie es un robot excelente en todo lo que hace. Lo verdaderamente importante es nuestra actitud ante las imperfecciones y las ganas que tengamos de mejorarlas. Eso es lo que une a dos personas, los detalles al servicio de una misión común, no las pequeñeces aisladas.

La sanación de la Luna en Virgo pasa por perdonarse y perdonar.

La idealización es algo infantil, puesto que los niños tienen una idea imaginaria de cómo son sus padres y la vida en general. Cuando crecen se dan cuenta de que los adultos son imperfectos, entonces se transforman en adolescentes. Luego inician una fase en la que se descubren a sí mismos como adultos y perdonan a sus padres al reconocer la realidad a la que todos nos enfrentamos. Finalmente, cuando este adulto es capaz de perdonarse a sí mismo, llega la sabiduría. En ese momento sabrá perdonar también a los demás, y las relaciones se darán de forma relajada, sin la tensión de antes.

Perdonarnos implica amarnos aun cuando no lo hagamos todo bien. Nuestros resultados dependen de muchos factores, la mayoría de los cuales están fuera de nuestro alcance. Se trata de comprender que lo único sobre lo que tenemos dominio es nuestra intención, por eso exigirnos ser perfectos implica poner el foco en algo que no depende de nosotros.

La pareja no puede volverse una especie de *El juego del calamar*, la serie de Netflix en la que cuando fallas te matan. Menuda tensión, de verdad, uno no puede bajar la guardia ni un minuto porque si comete el más mínimo fallo recibe una bala entre ceja y ceja. Y mira, no, en la pareja uno no puede estar todo el rato analizándose y sintiéndose analizado por el otro. Así es imposible mostrarse espontáneo y darse permiso para ser uno mismo, con virtudes y con fallos.

Conviene recordar que los detalles son importantes pero no pueden desviarnos de la esencia por la cual estamos con la otra persona. Si las pequeñas cosas ganan, seguramente es porque son chivatos de que la base no está funcionando. Cuando hay amor entre dos personas los ronquidos, los granos o no tirar de la cadena puede ser algo que se ve, de lo que se deba hablar, pero no lo definitivo. Si lo es, es porque esas dos personas han perdido el sentimiento que las unía.

Hay que evitar que el árbol nos impida ver el bosque y entender que, aunque los detalles son importantes, no deben desviarnos de lo esencial.

CUANDO EL CUERPO HABLA, EL CORAZÓN ESCUCHA

El hecho de que Virgo esté regido por el planeta de la comunicación hace imprescindible que esta sea fluida. Pero, a diferencia de Géminis, el otro signo gobernado por el mismo planeta y al que se le da bien expresarse, aquí la cosa puede costar más. Cuando alguien conversa se delata y puede dejar a la vista sus fallos. No es tan habitual que quienes están en esta Luna sean habladores, y menos aún si Mercurio está en tensión con la Luna.

A veces la timidez puede no venir por el tema del que quieren hablar, sino porque no encuentran la forma precisa de hacerlo. He visto a gente dudar en su discurso y hablar con lentitud porque la mente les va a mil por hora tratando de buscar la palabra exacta, no la aproximada. Como si estuvieran en un concurso de televisión de los que hay que rellenar un rosco acertando el término concreto que corresponde a la definición que lee el presentador. Precisamente por eso en Virgo rige el cuerpo.

El cuerpo habla lo que la boca calla.

La somatización es muy habitual en estas personas. Louise Hay, Luna con Mercurio, y autora del libro *Usted puede sanar su vida*, analizaba las enfermedades desde la función que tenían en nuestra vida. Buscaba el para qué nos indisponemos y concluía que las dolencias son pensamientos y procesos reprimidos. Decía que cuando hay un problema de salud, no solo hay algo que hacer para curarse sino algo que entender.

Quienes tienen la Luna en Virgo suelen ser hipocondriacos, ya que están habituados a que el cuerpo hable; precisamente por eso deberían aprender a convertirlo en el máximo cómplice, para escucharlo cuando susurre y no tenga que gritar. Les conviene buscar parejas que ayuden a crear un ritmo de vida ordenado y metódico, que no vivan improvisando o en el caos absoluto de horarios. Que no coman lo primero que pillen y que cuiden la higiene, puesto que la limpieza es sinónimo de salud.

Natalie Portman, por ejemplo, es vegana desde los ocho años. Con esto no quiero decir que sea una dieta más saludable que la carnívora, sino que seguramente ella ha buscado comer lo que le sienta bien. Recordemos que no se trata de caer en la rigidez, sino en la escucha del cuerpo, y aquí cada cual tendrá sus necesidades. Ella misma cuenta que se pasó al vegetarianismo al quedarse embarazada porque sentía que le apetecía comer huevos y lácteos durante aquel periodo. Pues eso, se trata de escucharse y mantener una buena calidad de sueño, trabajo, alimentación y ejercicio. Seguro que quien dijo aquello de *Mens sana in corpore sano* tenía la Luna en este signo.

EL VERDADERO AMOR ESTÁ EN LOS DETALLES

Para Virgo, el amor, al igual que la vida en general, tiene que poder medirse. No les valen ideas generales, fantasiosas o poco concretas; no les sirve un sentimiento abstracto, necesitan saber a qué nos referimos con un «Te quiero» y en qué se diferencia exactamente de un «Te amo», por poner un ejemplo. Qué cosas incluye el primero y cuáles el segundo. Eso les da tranquilidad, pues les aleja de la duda y la incertidumbre, su máximo miedo.

Los que tienen esta Luna necesitarán al lado a alguien que les ayude a analizar las relaciones y la vida como ellos lo hacen, procurando comprender la lógica de cómo funciona todo. Eso sí, sin perderse la simplicidad de lo que se tiene delante y sin olvidarse de asentir, aun cuando no haya demasiada lógica ni explicación. Será necesario acompañarlos para que puedan expresarse y dejarles espacio para que su cuerpo pueda hacer lo propio si la palabra no alcanza.

Virgo rige lo pequeño. Para quienes tengan esta Luna es imprescindible que el amor esté en cada detalle del día a día.

He aquí la maravilla de este signo, que no es otra que «hacer del lunes otro sábado», como decía la canción de Paloma San Basilio. Tienen la virtud de cuidar cada cosa, mimar cada gesto por insignificante que parezca y darle una connotación especial. La rutina no es algo aburrido, sino que han entendido que es lo único que existe y lo que más hay que apreciar. Desde una cena un martes, hasta compartir trayecto a casa o un mensaje a media mañana. El amor es como una receta en la que la suma de cada ingrediente, aunque sea simplemente espolvorear una especia, es lo que convierte el resultado final en un platazo. Toda gran historia de amor es la suma de pequeños detalles cotidianos.

El alma crítica de Virgo necesitará estar pendiente de todo; quienes tienen esta Luna pueden parecer tranquilos por fuera y por dentro estar a mil por hora.

Ayudarles a parar, jerarquizar tareas y planificarse, les será de gran ayuda. Así podrán atender cada una de sus labores con esmero y precisión, como a ellos les gusta. Juzgar sus necesidades, criticar sus manías o pedirles más de lo que pueden gestionar hará que peten y se alejen. Y si su alma se rompe, su cuerpo lo hará detrás. Suelen tener el sistema digestivo delicado, precisamente por la correlación que existe entre él y el sistema nervioso. Ahí encontrarán una buena señal que escuchar y obedecer.

Alcanzado este punto, tendremos a una persona atenta, analítica, minuciosa pero también comprensiva y colaborativa. Un magnífico combo: saber estar al servicio de lo que su pareja necesita pero no ofrecer más de lo que su cuerpo puede dar.

Al no ser una Luna imaginativa ni vivir en las nubes, es capaz de satisfacer sus necesidades con cosas concretas, prácticas y modestas. Eso facilita mucho el camino. Hay gente que pide que le bajes el cielo y otra que es feliz con una copa de vino entre gente bonita. Los segundos tienen muchas más posibilidades de alcanzar sus metas y lograr que los demás se lo proporcionen, evitando desilusiones o promesas inalcanzables que frustren sus sueños. Ay, Virgo, qué gusto, qué fácil, qué bonito poder satisfacer el corazón sin grandes aspavientos.

Quienes tienen la Luna en Virgo buscan soluciones prácticas y eficaces, lo que hará que no alarguen las situaciones críticas más de lo necesario ni se autoengañen. Solo os digo que mi amiga Miriam decía que lloraba mientras se duchaba para no perder el tiempo. Miriam es que es mucha Miriam, pero si algo tiene es que es realista y no pierde ni un minuto viendo príncipes donde hay ranas.

Ser romántico es muy bonito, pero poco práctico. Ser sensato es tremendamente efectivo además de una fantástica forma de amor propio para no perder ni medio segundo de nuestro tiempo donde no va a haber futuro.

Lo bueno de ser analistas natos, como lo son los que nacieron con la Luna en Virgo, es que ven enseguida dónde no obtienen los resultados deseados y se retiran a tiempo.

Ahora que nos acercamos al final del capítulo voy a pedir disculpas por no haber usado estadísticas ni estudios de una universidad americana para explicar esta Luna. Seguro que más de uno ya habrá hecho sus investigaciones, habrá encontrado matices y errores técnicos en lo que he dicho y habrá contrastado la información con otros doctorados en la materia. Bien hecho, que no falte la precisión.

También espero que hayan aprendido a disfrutar de esta lectura y, en lugar de perderse en los detalles que se podrían corregir, sean capaces de sacar conclusiones generales que les resulten útiles en su día a día.

Lo bueno de esta Luna es que, como necesitan saber que están trabajando en la relación y ejecutando tareas para mejorarla, pueden disfrutar del hecho de pulirla en cada una de las fases en las que la pareja esté. Como si de un puzle o una *scape room* se tratara, hay que aprender a jugar resolviendo los acertijos que el otro nos propone. No se trata de buscar el error ni machacarnos por ello, no queremos una relación con un robot ni un mundo perfecto. Eso sería aburridísimo, carecería de sentido y nos llevaría directamente a la desesperación, la neurosis y la ansiedad. Buscamos divertirnos mientras desciframos cada uno de los intríngulis de una relación, para ver la dinámica que se repite y mejorarla.

Le habremos dado la vuelta a esta Luna cuando encontremos el placer de seguir detectando aquello que simplemente no nos gusta y gocemos de buscar la mejor versión de nosotros mismos. Seamos químicos del amor hasta conseguir la alquimia perfecta. Sin machaque ni obsesión, sino por el puro placer de dar con la fórmula. Ese es un reto eterno porque, como somos humanos y todo se mueve y evoluciona, siempre habrá más por descubrir, por analizar, por ver y probar. Se trata de lograr que, en este análisis de nosotros mismos, de nuestra pareja y de la vida, cada paso nos emocione y cada pequeño objetivo nos motive. Como si estudiáramos una vacuna pero el virus fuera mutando constantemente, al final dominaríamos su comportamiento y podríamos prever sus intenciones, cortando o incentivando lo que fuera necesario.

Así, habremos convertido la herida del perfeccionismo en la virtud de ser capaces de ver cada pequeña cosa, disfrutar al analizarla y valorar cada detalle para mejorarlo hasta alcanzar estadios de lucidez alucinantes.

Una pareja está llena de matices, la relación con nosotros mismos está inundada de situaciones que nos delatan, pero solo los más astutos pueden observarlo. Celebremos la capacidad de verlo, de marcarnos el objetivo de ser mejores y de disfrutar del camino para conseguirlo a través de la pareja.

Miedo:	Incertidumbre
Apego:	Sentirse útil
Reacción:	Parálisis
Aprendizaje:	Fluir
Potencial:	Detallismo

CÓDIGO 7

LUNA EN LIBRA Y EL MIEDO A NO PODER COMPARTIR

**(Luna en Libra o en casa 7
o en tensión con Venus)**

Dejar la felicidad propia en manos ajenas
es el primer paso para no alcanzarla.

LA BODA DEL SIGLO

El 19 de mayo de 2018 el mundo se paró. Bueno, el mundo de la gente como yo, a la que le gusta más el salseo que a un tonto un lápiz. Las miradas de todo el globo terráqueo se plantaron frente al televisor para ver lo que llamaron «la boda del siglo», el enlace entre Meghan Markle y el príncipe Harry de Inglaterra. Ese día, por medio de esa unión, ella se convirtió en miembro de la familia real británica, con lo que elevó su estatus social.

Libra es signo de compartir y de conseguir identidad gracias al otro. No significa que quienes nacieron con esta Luna no tengan méritos propios, sino que suelen coger los ajenos para generar refugio. Hablando en plata, si el primer código (el de Aries) funcionaba en soledad, el séptimo funciona en compañía.

Aquí empezamos la rueda de los opuestos. Hasta ahora hemos hablado de los seis primeros signos, a partir de estas líneas presentaremos los seis segundos que se oponen a los primeros. Irán en orden y, por tanto, el séptimo se opondrá al primero, el octavo al segundo, el noveno al tercero y así sucesivamente. De esta forma se crea lo que llamamos «oposiciones astrológicas», que no es más que entender que todo patrón tiene su propuesta contraria y que en realidad ambas se complementan creando un eje.

El eje Aries-Libra es el de las relaciones y se basa en entender que tan importante es ser conscientes del papel que desempeñamos individualmente como saber ver a quien tenemos delante e incluirlo en nuestra vida.

La relación perfecta es aquella en la que nos vemos a nosotros mismos y vemos a nuestra pareja.

Si Aries se basa en el autosostén, aquí tenemos lo contrario: la felicidad propia reside en la presencia del otro. Por eso, si no se anda con cuidado, la dependencia emocional estará asegurada. Aprender del otro porque nos equilibramos con el otro está bien, pero no intentar ser el otro. El matiz es importante, no te despistes.

Cuando la Luna se encuentra en tensión con Venus la cosa se complica. La persona en cuestión puede verse en medio de conflictos y sentirse obligada a tomar parte de ellos cuando eso es lo que más le aterra. Se me ocurre una situación en la que los padres estén separados y el niño se vea inmerso en la batalla y sienta que si apoya a uno se pone al otro en contra. Es importante que quienes tienen la Luna en Libra distingan qué marrones les pertenecen y cuáles no. Y en los que sí, sepan saber tomar partido sin despreciar a la otra parte. No es posible gustar a todo el mundo, pero tampoco hace falta enfrentarse a nadie. En la diplomacia estará su virtud. Por eso Libra es signo de mediadores, negociantes y abogados. Mediar en un conflicto significa hacer ver a cada parte la posición del otro. La guerra surge de la dificultad de ponerse en la piel del rival, de solo ver un punto de vista y defenderlo a muerte. Por ejemplo, si los vecinos del ático quieren ascensor a toda costa es porque no comprenden que eso es injusto para los de los bajos, que no lo van a usar. Pero que los de los bajos se nieguen a ponerlo es no entender que hay personas en el mismo edificio que suben chorrocientas escaleras a diario. Si ninguna de las dos partes comprende a la otra, las posiciones se enrocan y el pacto es imposible. El libriano les hará ver la realidad de la otra parte y buscará soluciones intermedias que satisfagan a ambos bandos con la famosa estrategia *win-win*. Que se ponga el ascensor y solo lo paguen quienes lo usen, por ejemplo.

> **La función de Libra es aportar**
> **puntos medios, pactos y soluciones**
> **que favorezcan el *win-win*.**

En este apartado vamos a explicar qué significa tener la Luna en Libra, el signo de las relaciones por antonomasia, procurando no caer en la necesidad excesiva de agradar a los demás y aprovechando su *savoir faire* en los vínculos personales.

«COMPARTIDA, LA VIDA ES MÁS»

Este era el *jingle* de la campaña publicitaria de una compañía telefónica que, cuando yo era adolescente, al llegar la primavera nos invitaba a encontrar la felicidad llamando y quedando con todo quisqui.

Y este podría ser el *leitmotiv* de Libra. Es el signo de las relaciones, los vínculos y la colaboración, pero que nadie se emocione antes de tiempo, porque no por eso las relaciones van a ser más sencillas. Al contrario, quienes tengan la Luna en este signo deben aprender más que nadie a crear lazos de calidad. Si alguien tiene una carta individualista y no se le da bien relacionarse, no pasa nada. Pero quien sepa que casi con seguridad creará vínculos, más vale que se ponga las pilas: si aprende a crear buenas relaciones, podrá sacarles mucho jugo a sus contactos, a sus conocidos y, por supuesto, a su pareja.

**La calidad de nuestra vida se basa
en la calidad de nuestras relaciones.**

Son muchas las personas que están convencidas de que la soledad es mala compañera. Quizá porque vieron cómo se complicaron las cosas al enviudar la madre; tal vez porque un conocido no levantó cabeza después de su separación; o a lo mejor por el simple hecho de que sus padres insistían en que no volviera sola a casa o que no dejara a su hermano jugar solito. El origen es lo de menos, lo importante es tomar conciencia de que existe alguna experiencia personal o alguna creencia mental en la que la soledad fue la causante de la debacle. Incluso a veces no tiene por qué haber pasado nada, basta con un miedo anticipatorio o una sensación adquirida.

Cuando esto sucede, uno empieza a hacer lo que sea para ser

incluido entre los demás y evitar el rechazo: desde ser amable
llegando al límite de perder personalidad, hasta cambiar de parecer según la compañía.

Mi amiga Mila tiene esta Luna y cuando éramos adolescentes
cambiaba de gustos según el chico con el que salía. Tuvo su época roquera porque se lio con el batería de una banda, luego le dio
por maquillarse como una puerta y llevar bolsos de marca porque
salió con un ejecutivo de una multinacional, y tuvo su época hippy cuando a su chico le dio por ahí. Ella dice que se adapta muy
bien, y yo le digo que le falta personalidad. Nos queremos tanto
que podemos decirnos lo que sea sin ofendernos. El problema de
Mila es que, cuando tiene que tomar una decisión, duda más que
una pelota de ping pong y manda audios más largos que un
pódcast al grupo de wasap de las amigas sobre sus disyuntivas
entre por qué decir sí y a la vez por qué decir no sobre un tema.

La necesidad impetuosa de gustar entraña el peligro de querer ser incluidos a toda costa en la vida de los otros. Libra es un
signo mental. Piensa que si se alinea con los demás será partícipe
de su campo afectivo, por lo que puede decir que sí a dos opciones opuestas solo por quedar bien con quienes las proponen. Una
de las cosas que debe aprender es que no se puede gustar a todos
y que a veces no se puede estar en misa y repicando, ya que se
perderá a sí mismo en esa necesidad de aceptación.

**La indecisión es típica de quienes tienen
la Luna en Libra, ya que su mente se debate
entre lo que les gustaría querer para gustar
y lo que en realidad quieren.**

Libra teme el conflicto por no perder el vínculo y, por tanto, le cuesta manifestar sus propias emociones con rotundidad por miedo a que el otro no las comparta. Eso le hace perder confianza en sí mismo y reduce en picado la calidad de las relaciones. Uno no puede vivir con autocensura constante por decir y pensar lo que al otro le gusta, para intentar mantener la relación. Intentar evitar conflictos es la mejor manera de provocar más.

Buscar la armonía en el exterior a menudo nos costará una buena guerra en nuestro interior, y eso nos separa del otro.

Hay un truco sencillo para solucionarlo: la famosa asertividad. El arte de mantener el fondo cuidando la forma. En Libra rige la diplomacia, la cortesía y las relaciones públicas; así pues, si cuida cómo dice lo que piensa, puede pensar y decir lo que quiera. Y existe otro modo de disipar esas dudas: resituando el papel que desempeña el otro en su vida. Enseguida lo explico.

EL ORDEN DE LOS FACTORES SE CARGA EL PRODUCTO

Cuando uno se da cuenta de que la opinión de los demás está empezando a adquirir demasiado peso, debe recolocarse de inmediato. Se trata de saber qué queremos y luego buscar a la persona que encaje con eso y con la que podamos unirnos en la misma causa. Nunca al revés. Lo que hacía Mila era volverse como sus novios para que la aceptaran, con lo que perdía su propia personalidad. Procuraba estar siempre estupenda y cuidaba su imagen espectacularmente, pero creaba una relación de bajísima calidad, y eso la volvía muy insegura.

En cambio, cuando uno decide con firmeza quién quiere ser, puede buscar gente que encaje con eso y crear vínculos que satisfagan a ambas partes. Cuando Mila cambió el orden de los factores, sus relaciones empezaron a adquirir fuerza. Al poco tiempo conoció a un dentista andaluz que se enamoró de su sociabilidad, su cultura y su pelo pelirrojo, y pudo ser ella sin vergüenza ni posados forzados. A los pocos años se casaron en una masía del Empordà en el acto más bonito al que he asistido. Ahora trabajan en la organización de eventos en ese lugar. Es lo que tiene Libra: a crear cosas preciosas no le gana nadie.

Cuando perdemos el miedo a enemistarnos, empezamos a generar una personalidad propia con la que seducir a quien queramos.

Y aquí empezaremos a darle la vuelta a este patrón. Libra es el signo de las relaciones, porque sabe ver a quien tiene delante, tenerlo en cuenta e incluirlo en sus planes para que ambos salgan beneficiados. Pero, para eso, antes tiene que haber aprendido a verse a sí mismo y respetar sus gustos, aun a riesgo de no gustar a todo el mundo. ¡Ni el chocolate gusta a todos!

Solo cuando sabemos quiénes somos, sabremos adónde ir y con quién.

El autoconocimiento y ciertos momentos de soledad serán claves para mejorar la relación con uno mismo, aclarar conceptos y mantener el orden deseado: primero saber qué quiere y luego salir a buscar a la persona adecuada.

Cuando tengan esto claro, podrán empezar a crear buenos vínculos y propiciarlos con facilidad. Eso sí, tendrán que andar con cuidado con el famoso FOMO, el *fear of missing out* o «miedo a perderse algo», es decir, el miedo que aparece cuando saben que se está cortando el bacalao en algún lado y ellos no están invitados. Es una Luna con bastante tendencia a participar en las redes sociales, asistir a saraos o a lugares en los que su necesidad de conexión con otros se sienta saciada. Creen que, si se enteran de lo que pasa, estarán en la onda y no se quedarán apartados. Pero recordemos que una cosa es beneficiarse de los vínculos y otra querer crearlos a toda costa y a cualquier precio. Eso no.

Como todo en esta vida tiene su compensación, también existe el concepto de JOMO, el *joy of missing out* o «placer de perderse algo». Se basa en aprender a decir que no a los planes que no nos llenan, por importantes que sean, y dedicarnos a los que realmente nos nutren por dentro. Eso sí.

CÓMO EQUILIBRAR EL DAR Y EL RECIBIR

Libra es el signo de las relaciones y se simboliza con una balanza, lo que indica que el equilibrio es la única forma de crear lazos que nos llenen. Cuando la Luna se encuentra en tensión con Venus, suele haber dificultades para encontrar ese buen manejo de dar y recibir en armonía, y se genera la herida de la injusticia. Para sanarla, habrá que ver por qué se produce el desequilibrio y tratar de no dar más de lo que se recibe ni pedir más de lo que los demás pueden ofrecer.

Para mantener relaciones equilibradas debemos crear antes una buena relación con nosotros mismos. Solo así tendremos una buena perspectiva de qué queremos del otro y qué no.

Solo cuando sabemos autogestionarnos podemos elegir en quién delegar, porque ya no lo haremos por necesidad sino por voluntad.

Una vez vino a verme un consultante que estaba mal con su mujer pero no se atrevía a dejarla. Le pregunté qué parte de él la necesitaba y me respondió que la que no quería hacerse cargo de su vida. Hasta que él aprendió a autogestionarse sin tener que consultarle todo a ella no pudo dejarla. Pero lo peor es que mientras estaban juntos ella hacía con él lo que quería, porque, obviamente, la dependencia emocional permite al otro agarrar la sartén por el mango. La pareja iba a casa de los suegros de él todos los domingos, pasaba las vacaciones donde ella elegía e incluso ella le compraba la ropa. Él quería a toda costa que ella estuviese contenta por miedo a que, si se iba, tuviera que afrontar aquello que tanto lo atemorizaba.

**Muchísimas personas no están bien
con su pareja pero no consiguen dejarla.
Ante esto, la pregunta es: ¿qué parte de ti
necesita al otro?**

Cuando logremos encontrar lo que causa la dependencia podremos aprender a gestionarla solos, ya sea por nosotros mismos o a través de otras fuentes más saludables. Una relación se equilibra cuando nadie depende de nadie. Cuando ambas partes son completas y saben vivir su vida en plenitud, sin necesidad de la presencia constante del otro. Entonces es cuando uno puede elegir a quién quiere tener al lado, sin obsesionarse por gustarle o morirse de miedo por si se enfada.

En el caso de los dadores por excelencia, la cosa puede desequilibrarse de dos formas: dando demasiado o temiendo recibir. Quien se pasa el día dando sin encontrar el límite es porque lo hace desde la necesidad de quedar bien con todos y busca algo a cambio, normalmente que le alejen de su temida soledad. Esa es una relación creada desde el ego, desde el propio interés en exclusiva y, por tanto, desigual. Hasta que no demos desde el corazón no sabremos cuándo parar de dar.

**Para dar desde el equilibrio hay que ver qué
buscamos con ese ofrecimiento y comprobar
qué recibimos a cambio.**

Por otro lado, están los que temen recibir, posiblemente porque creen que eso tiene un precio demasiado alto, ya sea porque no se sienten merecedores o porque no quieren sentirse en deuda con nadie.

Volvamos a Meghan Markle. Su padre declaró en una entrevista que él la había convertido en la duquesa que era hoy en día y que se lo debía todo a él (traducción literal de las frases publicadas en *The Mail on Sunday* en julio de 2018). Esta afirmación solo ve una parte de la balanza. Quizá él hizo mucho por su hija, pero ella también tendrá méritos propios, aunque solo sea haber absorbido todo lo que él supuestamente le enseñó. En este caso, lo normal es que ella tenga cierto rechazo al hecho de recibir, porque el precio es la propia anulación. No conozco a Meghan, no he hablado personalmente con ella, pero me quema la boca si no relaciono esto con el Megxit, el hecho de que el matrimonio se retirara de sus deberes como miembros de la familia real británica, se fuera a vivir a Estados Unidos y se mantenga independiente financieramente de la Corona. Quizá, para ellos, formar parte de esa familia implicaba pagar un precio demasiado alto.

Hay personas que, al contrario que Meghan, tienen dificultades para dar porque piensan que lo que ofrecen no estará a la altura de lo que el otro merece, o por no crear un vínculo en el que el otro sienta la presión de tener que devolver.

Lo importante es darnos cuenta en cada momento si nos domina el dar o el recibir y equilibrarlo.

Si quedamos con alguien cerca de su casa, no parece lógico que, además, nos ofrezcamos a pagar la cena; eso sería dar y dar y no recibir equitativamente. A veces puede bastar que el otro agradezca nuestro acto para que consideremos que ya queda compensado, pero tiene que haber una manifestación explícita para que las cosas no se den por sentadas. En caso contrario, nos arriesgamos a que el otro ni se dé cuenta y piense que el marcador está a cero. Para que la relación funcione, ambas partes tienen que ser reconocidas, y todo lo que hacen por la relación debe tenerse en cuenta, solo así se verán compensadas.

Las personas que aceptan un sueldo por debajo del que merecen acaban relacionándose mal con su empleo, porque sienten que lo que dan y lo que reciben no está nivelado. Este tema es extrapolable a todos los ámbitos, y es una pasada cuando uno toma conciencia de ello y lo empieza a cambiar.

> **Las relaciones mejoran de la noche
> a la mañana cuando los vínculos
> se vuelven justos.**

Si existe esta herida de la injusticia, tal vez hayamos vivido situaciones en las que no se valoraba lo que dábamos, se premiaba más a un hermano que a otro o estábamos en medio de un conflicto. Es decir, cualquier tipo de recuerdo en el que el desequilibrio o la injusticia fueran los protagonistas. Incluso puede ser nuestra pulsión interna a saltar en cuanto vemos un agravio comparativo. El caso es que, aunque uno no tenga la culpa de lo que le ha sucedido, sí tiene la responsabilidad de sanarlo para ser feliz. Quizá Meghan haya vivido situaciones en las que no podía gestionar la presión de su padre, de los medios o quién sabe de qué; lo importante es que ha emprendido acciones para crear una vida en la que los dos miembros de la pareja puedan equipararse, verse como iguales y trabajar juntos por una meta común.

LA LEY DE LA ATRACCIÓN EN EL AMOR

La ley de la atracción es de Libra porque iguala lo que damos y lo que recibimos. Es decir, esa ley defiende que atraemos aquello que somos (y no lo que queremos), por tanto, lo que damos es lo que recibiremos. Si damos desde el ego y no desde el corazón, atraeremos a personas que no valorarán lo que les damos. Si le hacemos la pelota a alguien solo para quedar bien, la relación no irá a ningún lado, porque el halago no viene del alma sino del engaño. ¿Y qué es un engaño, sino una afirmación dicha desde el miedo?

**Donde el miedo está presente,
el amor no puede ser un intercambio equilibrado.
Y sin equilibrio es difícil que haya bienestar.**

Cuando nos equilibramos internamente, empezamos a tener relaciones que nos llenan de verdad. Sucede cuando nos desvivimos por quienes hacen lo mismo con nosotros y nos apartamos de los lugares donde no hay reciprocidad.

Quienes tengan esta Luna deben conseguir crear estas dinámicas en el día a día, así recuperarán el volante para dirigirse hacia el ansiado anillo de compromiso (aunque solo sea simbóli-co, ya me entiendes).

Llegadas a este punto, las personas que tienen esta Luna ya no tendrán que hacer la pelota a todo el mundo para procurar quedar bien, sino que serán capaces de ver lo bueno en quien tienen delante y decírselo de corazón. (Y deja que te diga que a todos nos gusta estar con alguien que nos ve, nos valora y nos lo dice). Siendo como son amables, educadas y tremendamente diplomáticas, harán que cualquiera se sienta bien a su lado disfrutando de la compañía mutua. Dejarán de arreglarse para gustar a los demás y darán importancia a la imagen por el puro placer de verse bien, sin descuidar que la verdadera atracción se produce por lo que hay dentro.

**Comprometernos con alguien solo
por su apariencia sería como comprarnos
un libro solo por su portada.**

Cuando los nacidos con la Luna en Libra saben realmente quiénes son, la duda se disipa y la necesidad de aprobación y consejo surge por el mero placer de compartir. El amor, querido lector, es todo menos duda. En el amor hay que tener las cosas claras y, para ello, tenemos que haberlas decidido antes de salir de casa; de lo contrario, pasa como cuando nos dejamos asesorar en una tienda de ropa, que acabamos comprando cosas que no necesitábamos y llegamos sin la prenda que buscábamos.

Ahora sí, con el objetivo claro, con la apariencia cuidada y unas formas dignas de William Shakespeare, quienes tienen la

Luna en Libra dejarán atrás la herida de la injusticia y saldrá a la luz el negociador nato que llevan dentro, creando ambientes en los que todos (también ellos) estén a gusto y el amor se sirva en bandeja de plata.

Miedo:	Soledad
Apego:	Gustar
Reacción:	Dependencia
Aprendizaje:	Decir no
Potencial:	Equilibrio

LUNA EN ESCORPIO Y EL MIEDO A CONFIAR

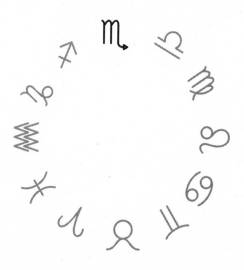

(Luna en Escorpio o en casa 8 o en tensión con Plutón)

♏

Con medias tintas no
se escriben grandes historias.

NOVIA A LA FUGA

Una vez vino una chica a mi consulta y me contó que sus padres tenían una relación algo peculiar, era una relación abierta y a veces invitaban a más personas a dormir. Ella era pequeña y no podía entender de qué iba el juego, pero lo que sí le tocó comprender fue que su padre no volvería cuando se enamoró de una de esas amantes y se marchó. Celia tenía siete años.

Cuando creció, tuvo varias relaciones. Con el primer novio, un motero adicto a los porros, estuvo un año y medio, se divorció a los tres meses de haberse casado en Las Vegas en un arrebato que les dio en un viaje que hicieron allí. Todavía lleva tatuado su nombre (los tatuajes son muy escorpianos), pero ahora se ha pintado una gaviota encima para disimular. Con su segundo novio, bueno, en realidad no sé si se le puede llamar así, se quedó embarazada al mes de estar juntos. Cuando lo supo, él le dijo que no quería tener al niño, pero que aceptaba que ella sí lo quisiera. Celia decidió llevar adelante el embarazo y él se marchó. Le siguió una relación con un fotógrafo trotamundos que nunca le dejó ver su casa. Yo tengo la teoría de que tenía otra familia o escondía un muerto, no entiendo, si no, tanta manía con que prefiriera pagar un hotel a invitarla a su dormitorio. Estuvieron un año saliendo y lo dejaron porque él se veía con una modelo.

Por aquel entonces había conocido a un tipo que le gustaba bastante, un higienista dental la mar de majo que se había ofrecido a enseñarle a patinar, y había surgido la magia. Pero ella no quería una relación, huía despavorida de ellas; prefería que cada cual viviera en su casa y verse solo puntualmente, sin compromisos ni planes de futuro. Él se sentía frustrado porque sí le apetecía apostar por la relación.

Aunque a simple vista se ve que Celia le tenía miedo al compromiso, eso no era debido al apego a la libertad o el miedo al abandono, sino a que para ella el amor va unido al dolor. Tiene la Luna en Escorpio en cuadratura a Plutón.

Su primer recuerdo de amor fue una madre que aceptó una relación abierta pese a que en realidad no la quería, y encima el resultado había sido desastroso. Además, cuando se habían quedado solas, madre e hija se habían vuelto inseparables, hasta el punto de llegar a agobiarse por la presencia constante de la otra. A veces las madres pueden ser muy tóxicas, si crean dependencias grandes hacia sus hijos. Celia había creado cierta comodidad al tener que «aguantar» situaciones desagradables con el amor como excusa. Para ella el afecto no era lo de las películas románticas, sino un seguro de sufrimiento garantizado.

Sus relaciones con los hombres no llegaban nunca a buen puerto porque había decidido huir de toda forma de relación. Atraía a hombres casados que no se enamoraban de ella o que no querían demasiado compromiso; así sufría y validaba su creencia base. Hasta que el higienista la puso entre las cuerdas. Él no pretendía dejarla, ni tenía otra mujer, ni temía al compromiso; al contrario, la cuidaba y apostaba por ella. Pero la cabeza de Celia cortocircuitaba, porque, en su universo, cuando las personas aman hacen daño. ¿De qué clase de universo salía aquel chico? ¿Acaso no se había enterado de las normas del juego? Si no quería perderlo, ella tenía que empezar a cambiar las normas, tenía que empezar a trabajar su rechazo al amor.

Esta historia es absolutamente verídica en cada uno de sus detalles excepto en el nombre de la protagonista. Y con esto no quiero decir que todas las personas con esta Luna tengan estos antecedentes, pero sí quiero que se entienda que cuando alguien tiene malos referentes es muy fácil que no pueda confiar en el amor. Pese a ello, todos tenemos la pulsión de buscar afecto en los demás y muchas veces cuanto peor lo ha pasado alguien más desesperadamente lo busca. Observemos cómo ella, al mes de estar con un hombre tuvo un hijo y lo sacó adelante, y su primer matrimonio fue con alguien con quien no llevaba ni un año saliendo.

Hay una pasión irrefrenable por buscar a toda costa aquello que en el fondo no se ha vivido, y esta desesperación hace que la persona viva el vínculo con tanta fuerza que pierde la perspectiva.

Si recordamos la teoría de los ejes, Escorpio se opone a Tauro y, por tanto, estamos en la tensión entre dolor y placer. Si la Luna en Tauro se apegaba al placer y le costaba conectar con el dolor, aquí la zona de confort está en sentir cierta incomodidad, y lo que cuesta es relajarse y disfrutar.

En este apartado hablaremos de la herida de la traición en las relaciones y de su mejor potencial, la entrega absoluta.

EL MIEDO A LA TRAICIÓN

Si buscáramos el caso de un personaje famoso (sé que lo estáis echando de menos) podríamos fijarnos en la cantante Katy Perry. Según ella explicó, tuvo pensamientos suicidas después de romper su relación de dos años con su primer marido y también tras su primera ruptura con Orlando Bloom, con quien está casada. Este vínculo tan fuerte en una relación de poco tiempo es propio de una Luna que va de cero a cien, de todo o nada, y, claro, si no ponemos un poco de orden puede ser una auténtica montaña rusa emocional.

Hay personas que, como Celia o Katy, llevan tatuado en el alma que el amor duele. Seguramente porque en algún momento dolió y esa memoria sigue con ellos, o porque alguien les explicó que así era como iba la cosa. Viven protegiéndose y asumiendo la presunción de culpabilidad de todo el que se acerca a ellas. El origen puede ser que el carácter de la madre fuera muy intenso o que tuvieran recuerdos de alguna situación abusiva. Incluso puede que no haya pasado nada y se trate simplemente de la naturaleza de las personas. El abanico es inmenso, cada cual conoce su historia.

Hay personas que sienten que confiar no es seguro porque tienen la creencia de que soltarse en los brazos de otro es una temeridad, y entran en alerta cuando se relacionan. Así se genera la herida de la traición, especialmente cuando Plutón está interactuando con tensión con la Luna.

**La resistencia a la intimidad viene
del miedo a lo que nos puedan hacer.
Y la confianza es hermana del amor.
Sin ella no podemos vincularnos.**

Por intimidad no me refiero al sexo, hablaremos de él más adelante. Me refiero a la confianza absoluta de saber que estás con alguien que puede conocer todas tus vulnerabilidades, físicas y emocionales, y tener la certeza de que no las usará nunca en tu contra. Eso es confianza, eso es amor.

Quien cierra la puerta a su intimidad para que no le hagan daño también impide que le conozcan de verdad y, en consecuencia, hace que sea casi imposible que se cree un vínculo. Como cuando un preso es visitado en la cárcel por sus familiares. Yo no he estado nunca en una prisión, pero he visto la serie *CSI* entera, y en ella ponen un cristal que separa a los internos de los visitantes. Así, si alguien intentara atacar a otra persona el vidrio actuaría como barrera. Esa es una buena medida preventiva, pero impide que el familiar abrace y bese al preso, y esa es la verdadera condena, ya que nadie puede vivir sin afecto.

**Aunque creamos que nos protegemos,
el exceso de barreras frena la oportunidad
de conocernos en profundidad.**

Puede que haya quien tenga un recuerdo en el que alguien en quien confiaba le hizo daño, o que incluso piense que la propia vida, cuando menos te lo esperas, te pega una bofetada que te deja tuerto. Pero si creemos que todo será siempre así, nos estamos poniendo la venda antes de la herida y lo único que conseguiremos es cerrarle las puertas al flujo de amor. Como dijo la psiquiatra Elisabeth Kübler-Ross, nuestros miedos no evitan la muerte, frenan la vida.

SEXO, TERAPIA Y MUCHOS SECRETOS

En este escenario, si uno quiere abrir las puertas al amor no le queda otra que aprender a confiar o vivir eternamente como Julia Roberts en *Durmiendo con su enemigo*. Y si queremos confiar, lo primero que tenemos que hacer es conocer a la otra persona. Existen muchas formas de conocer bien a quien tenemos delante, pero Escorpio usa especialmente tres para conseguir su objetivo: desechar la cáscara y llegar al interior. Solo cuando se llega a conocer a fondo a alguien uno puede decidir si pone en la relación toda la carne en el asador o no. Hacerlo antes sería una auténtica temeridad. Vamos a ello entonces.

La primera estrategia es llevar a la otra persona al límite, porque para ir al cine o tomar un café cualquiera es válido. En cambio, cuando sometemos al otro a una situación delicada es cuando empezamos a ver lo que hay detrás de la apariencia. Hablar de algo incómodo o vivir juntos una situación delicada pueden ser reveladores de la identidad. Entonces es cuando vemos de verdad si el otro se ahoga en un vaso de agua o forma con nosotros un buen equipo, si abandona a la mínima o dialoga con madurez.

El presentador Pablo Motos, Luna en Escorpio, dijo en una entrevista: «No encontrarás ninguna aventura más apasionante en la vida que conocerte a ti mismo a fondo. Y, para ello, es preciso que te lleves al límite, que vayas a zonas de incomodidad para ver cómo reaccionas. Ese eres tú».

Quien tiene esta Luna tensa la cuerda al límite para ver cómo es el otro y cómo es la relación que se está creando. Es un poco drástico, sí, pero lo ideal es que no quede duda alguna, y el contraste nos ayuda a conocer. Cuanto más límite sea la situación, más claridad. Los nacidos con esta Luna suelen ser personas tímidas; no cabe esperar que levanten la mano en medio de una clase para contar sus cosas, ni que se abran fácilmente en la primera cita. Son conscientes de que si se muestran se delatan.

Necesitan mucha intimidad para que realmente se sientan cómodas y puedan relajarse. De ahí que en ocasiones parezcan distantes, tímidas o incluso frías. Es únicamente una barrera inicial. Quien logre salvar esa frontera, contará con su entrega, apoyo y lealtad al cien por cien. Es un poco como la mafia: si estás dentro darán la vida por ti, pero si estás fuera permanecerás muy lejos de su amparo. Piden mucho pero también dan mucho. Por eso es bueno que vayan lentos y desconfíen, no quieren arriesgarse a que les salga el tiro por la culata.

La segunda forma de desenmascarar a alguien es a través del sexo, entendido no solo como placer corporal, sino también como chivato. Viendo cómo se comporta alguien en la cama podemos deducir cómo lo hará fuera. Si es generoso, si da placer solo para alimentar su ego, si hace malabares o se centra en la conexión entre ambos, todo eso nos dice mucho. Además, si conseguimos analizar cómo nos sentimos después de una relación sexual, tendremos información supervaliosa sobre las dinámicas ocultas de dicha relación.

La sexóloga Lara Castro define el sexo como el abrazo entre el mundo interior de las personas. Si analizamos cómo son nuestras relaciones sexuales, desde dónde las tenemos y para qué, aprenderemos mucho de cómo estamos como pareja.

Quienes tienen la Luna en Escorpio cuentan con la fama de ser muy sexuales; en realidad, buscan descubrirse y descubrir.

Y luego está la tercera forma, que es la terapia. Hasta que uno no se lleve a sí mismo hasta el fondo del pozo y descubra sin miedo todo lo que hay en su interior, seguirá temiendo eso mismo en los demás. Si alguien no confía en los otros es porque, en realidad, no confía en sí mismo. Te acabas de quedar ojiplático, ¿verdad? Vuelve a leerlo si es necesario porque este clic es importante.

Nadie hace más daño que quien se protege de que se lo hagan a él. Porque en ese escudo, sin querer, pierde empatía, compasión y afecto. Es como si le pidiéramos a una madre que comprendiera al agresor de su hija. Imposible, su dolor no lo permitirá y la comunicación entre ellos será imposible. Hasta que se dé cuenta de que ella también ha hecho daño a otros. Entonces puede acercarse mínimamente a ese daño y el diálogo puede empezar. Todos somos el malo en la historia de alguien.

Con esto no quiero que nadie se asuste, lo que pretendo es que reflexionemos sobre lo peligroso que es ir relacionándonos sin conocer bien nuestras porquerías internas.

Además, volviendo al hilo conductor de este capítulo, parte de la terapia consiste en ver lo que somos capaces de hacer para que nuestra vida cobre emoción. A menudo las personas con esta Luna mantienen relaciones de vaivén, mucha preocupación o crisis constantes. Este es el motivo: mientras hay dolor hay intensidad.

El sufrimiento es adictivo porque hace que nos sintamos vivos.

Lo podemos desarmar buscando esa intensidad de manera constructiva, por ejemplo, conociéndonos a nosotros mismos a través de la terapia (algo desagradable pero muy liberador), siendo cómplices de secretos del otro (arriesgado, pero crea mucha cercanía), experimentando a nivel sexual o cualquier camino que encontremos para buscar una emoción extrema que alimente el corazón, y no la preocupación.

CÓMO APRENDER A CONFIAR

Aprender a confiar no es tan fácil como leer cuatro frases esperanzadoras o fingir que todo el mundo es bueno por naturaleza. Hay gente mala y gente que nos hará daño incluso sin pretenderlo, y tenemos que resguardarnos si no queremos que todo acabe como el rosario de la aurora. Pero una cosa es verlo y la otra es partir de la premisa de que todo el mundo es así, porque entonces la necesidad de control se desboca y hacemos daño a otros sin querer. Para confiar hay que desarmar el motivo por el cual hemos empezado a pensar de este modo. Se trata de ver en qué momento eso surgió y por quién.

La mayoría de nuestros traumas tienen nombre propio.

Cuando lo sepamos podremos diferenciar entre lo que viene de nuestro escudo y lo que no, porque cuando a uno se la han jugado desarrolla herramientas que antes no tenía para que no se la vuelvan a jugar, y aquí empieza lo bueno.

Lo que comenzó como protección se vuelve un talentazo para quien ve venir a la legua las intenciones del que tiene delante.

Los niños con esta Luna suelen ser tímidos, introspectivos y observadores, porque están desarrollando esta mirada hacia el mundo. Están contemplando de qué va el rollo antes de meterse. ¿Y si hiciéramos lo mismo antes de entrar en una relación? Primero investigar a la persona, conocer sus debilidades y después decidir si nos involucramos o no. Solo así nos podemos meter hasta el fondo, entregarnos en cuerpo y alma dejando que la pasión tome el dominio.

Antes de seguir déjame que aclare una cosa. Cuando nos protegemos de algo es porque no lo conocemos bien. Escorpio es el signo de la terapia porque esta es la herramienta del conocimiento humano por excelencia, y a través de ella puede profundizar en todo lo que le preocupa para poder quedarse tranquilo. Mi amiga Núria, con la Luna opuesta a Plutón, un día, cenando, me dijo que tenía mucho miedo a la muerte porque le gustaba mucho la vida y yo le contesté que la muerte le daba sentido a la vida. El hecho de que vivamos de forma finita es lo que hace que cada día sea importante y cada minuto merezca nuestra plena atención. Si viviéramos eternamente, nada tendría valor. Por eso quien ama la vida ama la muerte. Quien teme la muerte es porque no conoce bien su función.

En las relaciones ocurre lo mismo, si hemos atraído a una pareja que era narcisista, por ejemplo, tenemos que investigar el porqué. Pero no lo superficial, como que estaba buenorro y caímos en las garras de su encanto, sino lo verdaderamente profundo. Qué parte de nosotros se sintió atraída por aquello. Cuando lo veamos, aunque nos cueste tres meses de terapia, podremos desarmarlo y dejaremos de atraer a este tipo de personas. A ellos y a cualquiera que se conduzca de un modo similar. Así no solo evitamos que vuelva a suceder, sino que aprendemos a ver venir las dobles intenciones de cualquiera que se acerque. Y eso da mucha tranquilidad y confianza en nosotros mismos.

Ahora bien, cuando uno ve las propias miserias y las del otro, puede incluirlas en el juego y decidir si apuesta por ello o no. Además, así y solo así se puede construir una relación cuidadosa, madura y de apoyo mutuo.

Llegados a este punto, los que tienen esta Luna logran no equivocarse a la hora de apostar por alguien, ya que han aguzado el olfato a base de autoconocimiento y trabajo emocional. Esas personas tímidas ahora se han vuelto tremendamente magnéticas porque dominan el arte de mostrarse hasta donde quieren y desnudarte con solo mirarte. Pueden decidir a quién se acercan y a quién no, qué cuentan y qué no, o dónde ponen su energía y dónde no. Y, por tanto, cuando lo deciden, pueden entregar su alma entera y disfrutar del proceso, porque ya no hay nada que temer. Ahora empieza la fiesta.

Ya vengan de experiencias difíciles o simplemente sean desconfiadas por carácter, es importante que comprendan que la protección es su gran aliada y, al mismo tiempo, su gran enemiga.

Si se encierran en su cascarón para que no les hagan daño, nadie podrá conocerlos bien y será más probable que les dañen otra vez, aunque solo sea por no saber cómo tratarlos.

Haz el amor con tu sombra; así nacerá en ti la luz.

En su justa medida, la desconfianza nos vuelve más astutos y menos naífs. Por eso, si los nacidos con esta Luna aprovechan este rasgo de su carácter, irán ganando en inteligencia emocional y acabarán siendo muy buenos leyendo a la gente. Entonces podrán relajarse y disfrutar, ya que será menos probable que se la jueguen, y podrán entregarse en cuerpo y alma (aun sabiendo que la zona de confort absoluta no existe). Sus relaciones serán mucho más selectivas, pero aquellos que traspasen la barrera se sabrán afortunados, ya que ellos se mostrarán distantes con el mundo pero muy entregados con los suyos.

Si curan las heridas será más fácil hacer nuevas relaciones y no se estancarán en las antiguas únicamente porque son terreno seguro. Aquello de «Más vale malo conocido que bueno por conocer» lo escribió alguien con esta Luna. Pero todos sabemos que no siempre es cierto, y el exceso de apego impide que confiemos en lo desconocido que está por venir.

Las personas intensas lo son para lo bueno y para lo malo. Obsesionarse con una meta es una maravilla, porque te predispone a conseguirla caiga quien caiga, pero todos sabemos lo que es obsesionarse con alguien. Nos acaba haciendo más mal que bien.

La intensidad tiene que producirse con suavidad, poco a poco, sin tensión.

Escorpio rige la muerte y hay que practicarla para que se vuelva aliada. Quedarse en un lugar donde se está mal es un acto de autodestrucción. En cambio, acabar con una relación, una etapa o una dinámica es un acto de amor propio, sabiendo que algo mejor está por venir. El vacío puede ser tremendamente fértil.

Cuando alguien elimina la dinámica destructora empieza de cero. He visto grandísimas historias de amor con esta Luna, porque cuando se han vivido dramas de los gordos uno sabe lo que es estar en el pozo y sentirse maltratado. Por eso, sabiendo lo que le ha costado llegar hasta este nivel de madurez, detectará con facilidad si el otro está en el mismo punto. Y cuando esto suceda todo cobrará sentido, quedará atrás la herida de la traición y dará la bienvenida al radar interno que sabrá si tiene delante a la persona adecuada o no. Si lo es, la valorará y la tratará como nadie, con pasión y asumiendo riesgos por quien realmente vale la pena. La vida es de los que apuestan, y el amor, también.

Miedo:	Traición
Apego:	Drama
Reacción:	Intensidad
Aprendizaje:	Relativizar
Potencial:	Resiliencia

CÓDIGO 9

LUNA EN SAGITARIO Y EL MIEDO A LA FALTA DE PRINCIPIOS

**(Luna en Sagitario o en Casa 9
o en tensión con Júpiter)**

> Sin admiración
> no hay amor.
>
> ALMUDENA GRANDES

EL SECRETO DEL ÉXITO DE OPRAH

Seguro que conoces a la presentadora norteamericana Oprah Winfrey, famosa por popularizar los *talk shows* o programas en los que personas corrientes cuentan su historia en televisión. Aunque su vida hoy en día está rodeada de lujos, éxito y poder, no siempre fue así. Nació de madre soltera, se crio en la pobreza de Mississippi, y fue víctima de abuso sexual y violaciones durante su adolescencia. Fruto de una de ellas, se quedó embarazada con catorce años y el bebé murió al poco de nacer. Entonces la mandaron a vivir con el que ella llama su padre y empezó a trabajar como amateur en la radio local, mientras seguía estudiando para llegar a ser la periodista que es hoy.

No me interesa su historia por el drama en sí, sino porque, a pesar de todo lo que le pasó, nunca perdió la fe en sí misma, y eso ha sido la clave para conseguir todo lo que ha logrado.

Quienes tienen la Luna en Sagitario cuentan con la virtud de redefinir todo lo que les ocurre y convertirlo en fuerza para crear nuevas oportunidades.

Oprah tiene la Luna en Sagitario, el signo de la abundancia y la prosperidad. Vamos, que tiene mejor fama que Rosalía, y las futuras mamás encienden cirios para que sus hijos lo tengan fuerte en la carta. Pero, como siempre, no es oro todo lo que reluce, y cuando Júpiter, su planeta regente, ejerce tensión en la Luna la película cambia y las ganas de que todo vaya bien se vuelven una necesidad forzada y no una realidad creada.

Es importante que aprendan a cuestionar todo lo que les ocurre, que busquen hasta encontrar su propia explicación de las cosas y saquen su conclusión, que para algo es signo de ingenieros y filósofos. La propia Oprah es una de las activistas del famoso movimiento #MeToo contra el abuso sexual, incluso ha creado una escuela para niñas en Sudáfrica. Lo que le ocurrió es para ella el motor a la hora de enfocar su carrera y su vida. Es más, su pico de popularidad llegó el día que regaló un coche a todos los que asistían a su programa, miembros de familias desfavorecidas.

Esta Luna encuentra seguridad en tener los valores clarísimos y sentir que su vida y sus relaciones se basan en estos principios éticos y morales.

Su pareja no puede quedar al margen de todo ello. El marido de Oprah, Stedman Graham, con el que lleva más de treinta y cinco años casada, es escritor de libros de autoayuda y en su día estudió Trabajo Social. Queda claro, por lo menos desde fuera, que una de las cosas que une a este matrimonio son unos valores éticos comunes.

Para crear estos principios que nos guíen, antes tendremos que analizar las creencias de las que partimos. En este apartado hablaremos de la importancia de conocer los orígenes de nuestros pensamientos y cómo el exceso de apego a ellos impide que podamos ver a quienes opinan de otro modo.

Recordemos que Sagitario es el signo opuesto a Géminis, estamos en el eje del conocimiento y las ideas. Si el primero tendía a la dispersión y el exceso de posibilidades, aquí el pecado es la falta de ellas, la obcecación, el dogma o la visión tubular de la realidad. Hablaremos de cómo modificarlo hasta llegar a su máximo potencial, la apertura mental, la fe en la vida y la confianza en uno mismo. Coge tu pasaje, que arrancamos.

LAS CREENCIAS GENERAN REALIDADES

Vamos a entrar un poco más a fondo en el tema de las creencias, porque son uno de los pilares para entender cómo se relaciona esta Luna.

Normalmente, cuando la moralidad es tan importante para alguien es porque tiene alguna herida relacionada con ella, como en el caso de Oprah. Por eso, a la hora de relacionarse necesitan saber que están con alguien que tiene unos principios parecidos a los suyos y que está dispuesto a luchar por defenderlos. Si bien hay parejas en las que cada uno puede votar a un partido contrario o uno puede ser vegano y el otro carnívoro, con esta Luna eso no es posible.

**A quienes tienen la Luna en Sagitario,
sus creencias les dan tranquilidad, y sentir que
están haciendo lo correcto es su base emocional.
Otra cosa es definir qué es correcto y qué no.
Aquí empieza el verdadero juego.**

Quienes tienen una idea firme se sienten cómodos, ya que esta les sirve de guía, foco y dirección. Si, por ejemplo, alguien considera que la amistad es lo primero, puede establecer prioridades con facilidad, como crear un proyecto con colegas antes que tener un hijo, o buscar una pareja que valore a sus amistades. Si uno tiene claros sus principios todo se ordena en torno a ellos.

Antes de seguir avanzando quizá sería interesante aclarar que una creencia es una idea que para nosotros es una verdad absoluta. Por ejemplo «Estar soltera es malo», «Salir con un arquitecto es mejor que salir con un jardinero», «Tener un trabajo estable es mejor que tener uno cambiante», es decir, todo aquello que nuestra mente etiquete como bueno o malo o con cualquier otro concepto que le añada o le reste valor. Las creencias que nos frenan son limitantes. Las que nos ayudan son potenciadoras o expansivas. Sigamos.

Para entender por qué se forma una creencia tenemos que saber que nuestro cerebro es vago. Bueno, no es que le guste apalancarse porque sí, sino que tiene que estar pendiente de tantas cosas importantes, por ejemplo, mantenernos vivos, que trata de seguir la ley del mínimo esfuerzo para todo lo que no considera primordial. Entonces, cuando una mujer ha tenido un padre ausente lo más fácil es que piense que todos los hombres están ausentes. Lo siguiente será buscar hombres que verdaderamente estén ausentes para ella, así su cerebro se relaja entendiendo que la premisa creada es correcta y no tiene que trabajar más. ¿O acaso los votantes de derechas leen periódicos de izquierdas? No, por supuesto, leen diarios de su propia ideología para creer que tienen razón y no tener que cuestionarse nada. Para la mente eso es lo fácil, lo cómodo, lo que requerirá menos energía.

El cerebro busca situaciones que revaliden lo que ya piensa para no gastar energía. Las creencias se convierten en dogmas y las heridas se eternizan.

Así que ya sabemos lo que sigue. Hay que romper nuestras creencias limitantes y poner a nuestro cerebrito a trabajar a base de golpes de realidad. Los juicios que emitimos sobre las cosas, más allá de la rabia o la gracia que nos puedan hacer, dañan a quien los emite porque cierra la oportunidad de ver a cada persona como un individuo, alejado de lo que hayan podido hacer con anterioridad sus iguales. Las creencias impiden que se produzca el intercambio al dar por sentadas cosas y no permitir que la realidad se imponga. Y así no hay crecimiento, ni expansión ni nada de lo que en realidad este signo busca.

Que la base emocional esté en generar creencias predispone a ver al otro como prejuzgamos que es, en lugar de como es verdaderamente.

Existe un concepto llamado «soberbia intelectual», que no es más que creer que nuestra verdad es la verdad absoluta. Y no significa que no sea cierto para nosotros, claro que sí, uno puede creer firmemente algo porque lo ha experimentado en sus carnes o porque lo ve clarísimo, pero eso no significa que funcione igual para el resto de la gente.

Si uno no puede conectar con opiniones contrarias a las propias, será imposible que vea a quien las sostiene. Y si no vemos al otro, no podremos relacionarnos, solo juzgarnos y atacarnos.

Yo tengo la Luna en tensión con Júpiter y recuerdo cuando en mis clases contaba que las buenas parejas se conocen tarde. Como en todo, nadie nos enseña a amar, aprendemos sobre la marcha a base de errores. Por lo menos eso pensaba yo, que conocí a mi chico con treinta y cuatro años, y una lista interminable de fracasos amorosos en mi historial. Lo mismo le había ocurrido a él, así que juntos habíamos llegado a la conclusión de que nuestra buena sintonía venía de haber alcanzado la madurez emocional a base de golpes. Yo vivía feliz descansando en mi premisa perfecta corroborada por mi experiencia, hasta que en una de mis clases una chica me la rebatió y me contó la historia de sus padres, que se habían conocido con dieciséis años y eran la pareja más bien compenetrada que ella había conocido. Obviamente, ambas teníamos razón, solo que cada una tenía su versión; el encuentro se produjo cuando, en lugar de querer ser poseedoras de la verdad, simplemente buscamos escucharnos y aprender.

Aprendemos cuando dejamos de querer tener razón.

Eso me ayudó a ver que no hay una sola manera de hacer las cosas, y que a menudo pecamos de intentar aleccionar a los demás o hacerlos venir a nuestro lado pensando que es el bueno. Craso error. Como me interesa saber cómo funciona el amor, lo mejor que puedo hacer es abrirme a todas las formas que este tiene y aprender hasta poder sacar conclusiones más ricas.

Si a alguien con esta Luna le está costando encontrar pareja o la que tiene no le satisface, que se pregunte cuáles son sus creencias acerca de ella. Por ejemplo: ¿qué es para ti una pareja? o ¿cuáles son tus primeros recuerdos en el amor? Preguntas como estas pueden ser tremendamente reveladoras.

La base para sanar la Luna en Sagitario es analizar las creencias que existen sobre el amor.

Quien tenga esta Luna debería rodearse de gente que piense distinto, viajar mucho e interesarse por temas que no conoce. ¡Con los viajes hemos topado! Este es un tema clave para esta Luna y precisamente por eso creo que merece un capítulo aparte. Que nadie viaje sin leer lo que voy a explicar a continuación, porque ser un pequeño Phileas Fogg tiene su enjundia.

LOS MEJORES VIAJES
SON SIN EQUIPAJE

El tema de las creencias y el de los viajes están más relacionados de lo que parece. Si nos fijamos en nuestra mente, conviven dos tipos de creencias: las que hemos creado por nuestra propia experiencia vital y las que hemos heredado de nuestro entorno.

En cuanto a las primeras, hay que tomar conciencia de que las tenemos, ver sobre qué base se crearon y cambiarlas. Si nuestra primera pareja nos dejó porque teníamos poco pecho, lo más probable es que hayamos construido la creencia «Debería tener más pecho». Por eso debemos buscar argumentos que lleven a nuestra mente a donde nosotros queremos que vaya para recuperar la autoestima y quitarnos de encima el complejo que seguramente esta experiencia nos ha creado. Si observamos el pecho teniendo en cuenta su utilidad, veremos que no está hecho para ser objeto de seducción, sino para alimentar a un bebé, y el tamaño es irrelevante para eso. Al hacerlo, automáticamente hemos invertido la creencia a fin de definir qué queremos que para nosotros sea un pecho perfecto. Y, ahora sí, podemos buscar a alguien que comparta esta creencia.

> **Entrenemos la mente para que piense
> lo que queremos, no lo que las experiencias
> nos han llevado a creer.**

Las creencias limitantes heredadas son aquellas que tenemos en la mente porque se las hemos escuchado a otra persona y hemos llegado al punto de creernos que son propias. Si desde la infancia nuestra madre nos ha dicho que estar soltera es algo negativo, cuando estemos en esa situación haremos lo que sea para salir de ella. Emparejarnos con el primero que encontremos, por ejemplo, ya que para nuestra mente estar en pareja es mejor que estar soltera.

Pero nuestros padres no son los únicos que nos influencian, también heredamos ideas de nuestro país y de nuestro entorno. Como catalana tengo ciertas costumbres que condicionan mi forma de pensar, diferentes de las de una valenciana, por ejemplo; como española, diferentes de las de una francesa; como europea, diferentes de las de una americana, y como occidental, diferentes de las de una oriental. Podemos ir de lo más pequeño a lo más grande. Por ejemplo, solo por haberme criado en un país monógamo y católico, las relaciones a tres bandas me generan cierto rechazo. No digo que no haya quien las acoja de buen grado, pero, por norma general, en mi entorno, lo peor que se le puede hacer a la pareja es ponerle los cuernos. En cambio, si hubiera nacido en algún país árabe polígamo, establecer una relación con varios miembros sería una posibilidad.

A Sagitario le atrae alguien que se atreva a pensar por sí mismo y que le anime a buscar su propia verdad.

De aquí la importancia de viajar. Y no me refiero a ver lo bonita que es la torre Eiffel ni a pasear por la Quinta Avenida de Nueva York, sino a ver mundo, buscar el choque cultural y abrir los ojos a realidades distintas de las que hemos visto en casa. Y eso, si se me apura, se puede hacer desde el sofá, viendo documentales o leyendo. Lo que buscamos es el viaje interior, el que nos abre la mente y nos ayuda a ver lo que queremos ver, y no lo que nos han puesto delante para que viéramos. Solo así podremos crear el tipo de vínculos que queramos, en lugar de buscar encajar en las opciones que se nos han dado de origen.

Algunas personas pueden hacernos viajar muy lejos estando muy cerca. Es cuestión de encontrarlas.

UN CAMINO HACIA LA ABUNDANCIA

Este signo funciona como la lotería. A cualquiera que le preguntásemos si quiere que le toque respondería que sí, como todo el mundo. Pero seguro que habrás leído en la prensa la típica noticia de familias que, diez años después de que les haya tocado, son más pobres que antes del genial suceso. Porque el dinero hay que saber gestionarlo, y quien no lo maneja bien cuando no lo tiene, tampoco lo hará cuando lo posea. Con la prosperidad las cosas funcionan igual.

La abundancia no es una respuesta de felicidad ante el éxito externo, sino una elección interna aun cuando las cosas vayan mal dadas.

Quienes tienen la Luna en Sagitario necesitan sentir que la vida es una lotería constante, vivir a lo grande e instalarse en su emoción base: la alegría. Si empiezan un paquete de galletas no pararán hasta comérselas todas y si apuestan en bolsa meterán una buena cantidad. Y cuidado, Oprah ha llegado donde ha llegado porque ha confiado en sí misma a pesar de todas las circunstancias, pero tan importante es venirse arriba como saber dónde está el límite prudente de las cosas; de lo contrario, podemos acabar haciendo promesas que no podemos cumplir o convertir las expectativas en exigencias.

Si esto ocurre, en lugar de unirnos a la pareja nos alejamos de ella, porque entramos en los terrenos pantanosos de la decepción o la frustración. Como esta Luna es adicta al buen rollo, irá de cabeza a recuperar su ansiado estado de felicidad buscando una buena fiesta, un atracón o marcharse lejos para poner tierra de por medio. Y eso, más que una lotería, es una ruleta rusa.

Mucha gente vive decepcionada con la vida y viaja para huir de una realidad que no sabe gestionar.

Aquí vuelven a aparecer nuestros amigos los turistas eternos. Ya hemos visto que viajar les va bien para abrir la mente y romper creencias limitantes, pero hay una línea muy fina entre moverse buscando un objetivo y escapar. Antes de plantearnos viajar seis meses por el Sudeste Asiático o trasladarnos a vivir a Londres, sería interesante que viéramos qué problemas tenemos y los solucionáramos. De nosotros mismos no podemos huir y, vayamos a donde vayamos, nuestros problemas internos irán con nosotros.

No digo que viajar o irse a vivir fuera esté ni mal ni bien, subrayo la importancia de saber desde dónde se está tomando esa decisión. Hay un truco para saberlo. Si el destino está claro, posiblemente cumple un objetivo. Es decir, si a alguien le gusta el cine y su prioridad es su profesión, tiene lógica que se vaya a vivir a Los Ángeles, pero si en el fondo le da igual ir a Estados Unidos, a Cuba o a Londres, posiblemente no sepa lo que busca en el destino y esté huyendo del origen.

**Moverse es fácil, lo difícil es saber
qué estamos buscando con ese movimiento.**

Antes de viajar, vivir desde los excesos o agarrarse a un clavo ardiendo, preguntémonos qué es lo que falla. Y en lugar de buscarlo a través de acciones externas, recordemos que el mejor viaje es el que se hace hacia dentro y que la abundancia es una actitud interna, no un resultado externo. Recuperar los valores que queremos tributar con nuestra existencia podría ser una buena guía. Preguntémonos qué tipo de persona y pareja queremos ser, y cómo podemos llevar a cabo este propósito en el día a día. Así, el compañero puede convertirse en alguien que nos ayude a crear un tipo de vida en la que sepamos que, sea lo que fuere lo que nos haya pasado, todo se puede superar y todo se puede conseguir. En palabras de la propia Oprah, «El mejor descubrimiento de todos los tiempos es que una persona puede transformar su futuro solo con cambiar su actitud».

CÓMO DESPERTAR AL MAESTRO INTERIOR EN PAREJA

He leído en muchos sitios que es peligroso confundir amar con admirar. Si ponemos al otro en un pedestal, nos colocamos a nosotros en una posición inferior. Además, si evolucionamos y conseguimos alcanzar su nivel, el motivo de la unión se pierde porque la admiración desaparece. No soy demasiado amante de los totalitarismos y creo que con este signo es casi imposible no confundir amor con admiración. Si vamos con cuidado de no sobrepasar la línea que nos coloca demasiado por debajo, está claro que aquí la unión se produce en el terreno intelectual, por lo que será común enamorarse de profesores o maestros de vida que encontremos por el camino. Como he venido explicando, este signo necesita hacer un buen trabajo con la mente y valorará a quien le ayude a hacerlo.

Los que tienen la Luna en Sagitario caerán bajo la seducción de quienes provoquen la evolución de sus ideas.

Les enamorará crear esa mirada de pájaro, propia de los sabios, para contemplar la vida desde un lugar más evolucionado. Aquí ya aparecen incompatibilidades deducibles, si el otro no lee ni una sola página y filosofar sobre la vida le aburre, tiene todos los puntos para que le den puerta en menos que canta un gallo.

En esta Luna, la pareja tiene precisamente la función de ayudarles a buscar esa verdad completa sobre las cosas que solo se consigue con diálogo y aprendizaje mutuo. Los nacidos con ella quieren llegar a ver la vida y los sentimientos con la perspectiva de las leyes superiores y analizar todo lo que les ocurre como un paso para llegar a estadios elevados de conciencia.

La verdadera y única aventura se da con las manos cogidas y hacia el interior.

Cuando uno adquiere esta dinámica es cuando la herida queda atrás y la abundancia puede ser leída desde una perspectiva adulta, alejada de quien busca un golpe de suerte o que solo le pasen cosas buenas. Ahora es vivida con la sabiduría del que sabe que, pase lo que pase y venga lo que tenga que venir, todo tiene una razón de ser.

La pareja es quien nos ayuda a pensar en grande de verdad, nos aporta la sensación de valentía interna a pesar de los peajes que el camino pueda conllevar. Queremos al lado a alguien con esta madurez intelectual y emocional para ser maestros el uno del otro para aprender la lección más importante de todas: aprender a vivir.

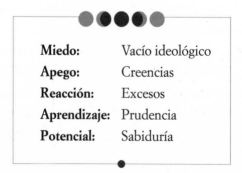

Miedo:	Vacío ideológico
Apego:	Creencias
Reacción:	Excesos
Aprendizaje:	Prudencia
Potencial:	Sabiduría

LUNA EN CAPRICORNIO Y EL MIEDO A NO SER SUFICIENTE

**(Luna en Capricornio o en casa 10
o en tensión con Saturno)**

> Tengamos el coraje de amarnos a nosotros mismos incluso
> cuando exista el riesgo de decepcionar a los demás.
>
> — BRENÉ BROWN

EL SÍNDROME DEL HERMANO MAYOR DE ASHTON KUTCHER

Capricornio es un signo laboral (como Virgo). Cuando la Luna está en este signo, pero sobre todo si está en aspecto tenso con Saturno, la persona en cuestión crea la sensación de que el amor es la recompensa que vendrá tras cierto esfuerzo, como si de un salario se tratara. Cuanto más haga, más tendrá. Ahí se crea la base para que quienes tienen esta Luna se llenen de responsabilidades a fin de sentirse más queridas.

Seguro que conoces a Ashton Kutcher, el actor que salió con Demi Moore y ahora está con Mila Kunis. Quizá no sabías que tuvo un hermano mellizo, Michael, que sufría parálisis cerebral. Cuando este tenía trece años fue sometido a un trasplante de corazón. Ashton ha contado que, a veces, al salir de la escuela, retrasaba el regreso a casa por miedo a recibir malas noticias sobre el estado de su hermano y ver a su familia destrozada.

Algunas personas crecen creyendo que con poco afecto tiran y ceden esa fuente de amor a quien más lo necesita.

Ashton tiene la Luna en tensión con Saturno. Esta posición es propia de personas que sienten que han tenido que crecer antes de tiempo o que han asumido demasiadas responsabilidades. Es como si de alguna forma dijeran a los demás que no se preocupen por ellas y cedieran el foco de atención a algo en apariencia más importante, un hermano, en el caso de Ashton. Una vez vino a mi consulta una chica cuya madre había sido una alta ejecutiva y me contó que el teléfono, no ella, era su prioridad. Estos dos ejemplos nos sirven para identificar un patrón en el que hay otros focos que acaparan la atención y, por tanto, estas personas aprenden a autogestionarse aunque no estén preparadas para ello.

Si quieres cargarte la autoestima de alguien, plantéale un reto que no pueda alcanzar o una responsabilidad que no pueda asumir.

Poco a poco van creyendo que sus necesidades no son importantes y se desconectan de ellas. Para qué prestarles atención, si tampoco serán atendidas. Aquí lo adaptativo es salir adelante sin molestar demasiado, no suponer una carga ni desviar el punto de atención. Cuando alguien crece con exceso de responsabilidades se siente solo y eso puede hacer que, de mayor, le cueste establecer relaciones, porque en el fondo nunca se ha sentido protegido en ellas.

Sin casi darse cuenta se van acostumbrando a cargar con todo, y eso las convierte en un imán que atrae a personas que no quieren crecer o que se niegan a hacerse responsables de su vida, y que encuentran en ellas la percha perfecta en la que colgar sus mochilas. Y esto, a la larga agota a cualquiera. Incluso puede que los nacidos con esta Luna prefieran estar solos para no tener que cargar más peso. Estarás de acuerdo conmigo en que, si habitualmente es importante aprender a poner límites, en estas circunstancias es casi una obligación.

¿Recuerdas que cuando te explicaba la Luna en Cáncer te dije que a los que nacieron con ella les cuesta crecer y delegan su seguridad en otros? Aquí estamos en el signo opuesto, por lo que el problema es el contrario: les cuesta pedir ayuda y tienden a sostener más de lo que pueden.

Es habitual que busquen sanar sus relaciones sintiéndose atraídos por personas que muestren madurez, serenidad y responsabilidad. Porque de algún modo les liberan. ¿Será casualidad que el primer matrimonio de Ashton Kutcher fuera con Demi Moore? Él tenía veinticinco años y ella, cuarenta y uno. Obviamente, no sabemos si fueron felices o no, pero me llama la atención que alguien con esta Luna escogiera como primera relación seria a una mujer dieciséis años mayor que él y madre de tres hijas. ¿Buscaba a alguien que sobre todo supiera cuidar de sí misma? Quién sabe.

En este capítulo vamos a hablar de la Luna en Capricornio, desde su reacción más inmediata, la desconexión emocional, hasta su mayor potencial, la resistencia. ¿Cómo afecta este atributo a las relaciones? Vamos a ello.

SER EL «SHERPA» NO IMPLICA LLEVAR LA MOCHILA

A esta Luna, igual que a la primera, le suele gustar llevar la iniciativa. Pero si en Aries era por puro entusiasmo, aquí es casi una medida de protección. Si quien ha nacido con ella no coge el mando, los demás tienden a abusar de su fortaleza y, como acabamos de ver, a sobrecargarlo, porque, aparentemente, puede con todo.

> **Asumir un exceso de responsabilidad dificulta las relaciones, ya que impide que el otro tenga un rol.**

Cuando alguien crea relaciones basándose en su resistencia, no puede mostrar su fragilidad interna, porque, si lo hace, piensa que no le querrán. Estas personas suelen lidiar con sus emociones en silencio, sin molestar a nadie. O, en el peor de los casos, directamente sin conectar con ellas, ya que, de lo contrario, no les quedará más remedio que mostrar su miseria y tirar por tierra su aparente fortaleza. De esta forma, la Luna en Capricornio se enfría y se vuelve dura consigo misma, porque si abraza su vulnerabilidad se da cuenta de que no puede ofrecer lo que le piden (o por lo que cree que le valoran) y pone en riesgo el vínculo con los demás. Pero, claro, a veces, quien no demuestra lo que siente pierde lo que quiere, así que habrá que asumir el riesgo si no queremos perder la partida antes de jugar.

Que el hermano de Ashton Kutcher necesitara ayuda no

significa que él no tuviera necesidad de ella también, pero, quizá por pura comparación con Michael, sintió que la mejor manera de amar a sus padres era cumplir con aquel refrán que dice que mucho ayuda el que no estorba.

A los que tienen la Luna en Capricornio suele costarles pedir ayuda y recorren el camino con mucha soledad interna.

De alguna forma es como si su zona de confort fuera un desierto y creyeran que no necesitan agua. Y aunque la tuvieran, primero se la ofrecerían a otros y se dejarían morir de sed. Por más agua que les den no lo apreciarán, lo que frustra a quienes tienen cerca, mientras ellos se sienten en permanente carencia. Siempre hay carencia para quien no sabe apreciar lo que tiene ni recibir de buen grado lo que le dan. Hablaremos más adelante del papel del agradecimiento.

Lo importante aquí es reformular esta dinámica. Para ello, lo primero que hay que trabajar es la gratitud por lo que se tiene y por lo que se es. Lo segundo, redefinir el concepto de fuerza, y eso pasa por admitir las propias debilidades y aprender a cuidarse a sí mismo, asumiendo las consecuencias que eso puede traer. Ahí radica la auténtica firmeza.

El gran aprendizaje de quienes tienen la Luna en Capricornio consiste en conectar con sus necesidades sin miedo a que eso deteriore sus relaciones.

Aprender a decepcionar a otros es algo que todos deberíamos hacer desde niños. Los que tienen esta Luna más aún, si cabe. Las exigencias de los demás puestas sobre nuestros hombros solo hablan de carencias que ellos no quieren asumir, por eso hacen que las acarreemos nosotros. Si dejamos que eso nos defina seremos sus burros de carga.

En las constelaciones familiares se usa una frase absolutamente sanadora en relación con este tipo de vínculos. Cada vez que uno siente que asume un deber de otro se puede decir internamente: «Yo por mí y tú por ti». Este mantra crea una barrera de respeto en la que cada uno asume sus cosas en lugar de hacer que las cargue otro, quien, a su vez, tampoco asume historias que no le corresponden. Si las personas con la Luna en Capricornio aprenden a poner un límite, podrán aprender también a escucharse sin juzgarse, y el sentido del deber nunca más estará por encima de su verdadera voluntad. Solo con esto sus relaciones darán un giro monumental, pero sigamos, que aún quedan algunas cuestiones importantes por tocar.

LA MEJOR LUNA
ANTE LAS DIFICULTADES

Voy a contarte un secreto. Esta Luna tiene algo que la diferencia del resto, y es que se crece ante las dificultades.

No infravaloremos este tema, porque si alguien sabe sostener los momentos complicados son ellos, y en una pareja hay muchos. Incluso les puede llegar a erotizar que las cosas cuesten un poquito. No me refiero a que sean masoquistas, sino a que cuando consiguen las cosas fácilmente no las disfrutan tanto como si han ido creando algo poco a poco y con calidad. Con esta Luna no hay que correr, ya que no soporta la cutrez de lo espontáneo.

Quienes tienen la Luna en Capricornio prefieren saborear lo conseguido con esfuerzo al placer rápido y sin fundamento.

Para ellos es importante saber que están construyendo algo consistente y con futuro. Por eso ponen el foco en el largo plazo, en las bases de la relación, le quitan peso al detalle y lo ponen en la dirección. Esperarán a sentirse preparados para emprender cada una de las fases y no se saltarán ni un solo peldaño de lo que la relación pida.

Se ocupan de definir hacia dónde va la pareja y con qué estructura de roles, teniendo presentes las dificultades que puedan surgir en el camino.

Al fin y al cabo, como hemos comentado al principio de este capítulo, Capricornio es un signo laboral y, por tanto, vive la pareja como una empresa: hay que aprender cómo funciona para conseguir su máximo rendimiento.

Precisamente por esa razón, aunque suene poco romántico, son lunas para quienes el trabajo es importante y seguramente les deserotizará que la otra persona se pase horas en el sofá o procrastine habitualmente. Aquí se ha venido a currar, con amor, pero a currar. Ver que el otro se esfuerza por conseguir sus objetivos y que lo da todo en el desempeño de sus tareas será la leche para ellos.

Hace unos días leí una entrevista a Ashton Kutcher en la que le preguntaban qué era lo que le había enamorado de su actual mujer, y él respondía que lo que más admiraba en ella era su gran talento y lo trabajadora que era. Ya sé que puede parecer la respuesta comodín al hablar de una actriz, pero ahora que conocemos su Luna, suena muy convincente.

EL MIEDO A NO SER SUFICIENTE

Las personas que han sentido rechazo crean la necesidad de mostrar al mundo su valía. Como si de esta forma se autoconvencieran de que quienes los juzgaron así no tenían razón. Quizá el padre esperaba un varón y vino una niña, o quizá algún profesor los cuestionó y ahora luchan por revertir esa impotencia.

Eso hace que vivan desde el sufrimiento constante de tener que cumplir las expectativas de otros, entre ellos la sociedad o la pareja, y el sentido del deber pese como una losa constante en sobre sus hombros.

El rechazo genera obsesión.

Aquí voy a contar algo que para mí fue revelador comprenderlo. Mientras la autoridad esté fuera, el sufrimiento y el sacrificio están asegurados. Me refiero a que mientras una persona actúe esperando encajar en lo que los demás esperan de ella, estará perdida. Uno no puede relacionarse como si siempre estuviera a examen. Menuda presión. Siempre hay más que dar, más que atender y más que entregar. Quienes lo hacen son personas que se quedan más horas en la oficina o te ayudan a recoger la mesa cuando vienen a tu casa. Como si así estuvieran demostrando que son buenos trabajadores o buenos invitados.

Si intentamos satisfacer las expectativas de otros, perderemos muchas cosas, entre ellas la libertad y, a veces, la dignidad.

¿Acaso alguien que sienta la presión de tener la pareja que sus padres esperan es libre de elegir con quién sale? Es muy inocente pensar que sí. Estar a la altura de lo que se espera de ellos es importante para quienes tengan esta Luna. Tanto que puede incluso interferir en sus propios gustos o acciones. Así que ya hay un primer paso que dar: tirar por la borda todo lo que otros han puesto en nuestro barco y que, en realidad, no nos pertenece.

A mí esta Luna me recuerda a los comentarios que hacía el periodista monárquico Jaime Peñafiel cuando el príncipe Felipe estaba soltero. «Puede casarse con quien quiera pero no con cualquiera», decía. No sé si Su Majestad leerá este libro, pero nadie ha de seguir lo que otros esperan de él ni lo que la sociedad marca como correcto o incorrecto, sino lo que cada cual quiera proponerse para alcanzar su propia felicidad.

A veces, cuando uno está tan conectado con el sentido del deber, se olvida de lo que realmente siente o quiere. Para recordarlo, se puede recurrir al ejercicio de pensar que todos los demás están muertos y no pueden juzgar las decisiones que uno se disponga a tomar. Solo así es posible soltar la culpa por no hacer o sentir «lo que toca» y conectar con la propia voluntad.

**El miedo a no ser suficiente para otro
se cura siendo suficiente para uno mismo.**

Para hacerlo hay que desarmar la premisa principal: el amor no es algo que llegue cuando la persona cumple ciertas expectativas, sino que surge de manera espontánea.

**El amor no tiene que desgastar
porque no es la respuesta a ningún
mérito cumplido.**

Cuando comprendemos esto, nos volvemos cada vez más comprensivos con nosotros mismos y menos exigentes con los demás. Cuando alguien eleva sus expectativas con los otros es porque les atribuye la función de hacerles llegar a donde él no se siente capaz de ir. Y, claro, fracasa en su intento. Si uno siente que no alcanza a hacerlo tendrá que ver el porqué de ese sentimiento y cómo darle la vuelta, pero en ningún caso poner ese peso en otros porque entonces está haciendo con los demás lo mismo que le hicieron a él.

**Quien cree que no merece o no vale
lo primero que debería preguntarse
es para quién.**

Te lo explico con más detalle en el siguiente apartado. Ya estamos a punto de conseguir la alquimia que buscamos.

LA ACEPTACIÓN PLENA EN EL AMOR

Deja que te ponga un ejemplo. ¿Qué pasa cuando un supermercado de los baratos sube el precio de sus productos?, pues que nos vamos a otro supermercado más económico al instante. ¿Qué pasa cuando vamos a un súper gourmet y suben el precio de algo?, pues que seguimos comprando como antes.

Esto sucede porque, en el primer caso, hay una relación de interés. Lo escogemos solo por la oferta, porque vende plátanos baratos. Cuando suben el precio rompen el motivo de nuestra elección y, en consecuencia, nos vamos a otro lado. Es una relación frágil, inestable y muy poco fiel.

En cambio, cuando decidimos comprar ecológico o ir a un local gourmet no lo hacemos por el precio, sino por la idea, el concepto, la energía o los valores que ese sitio transmite. Aunque suba un poco el precio de sus productos, seguimos comprándolos. Así se generan relaciones fuertes, estables y fieles con el cliente.

En el primer caso, únicamente escogemos por un interés palpable: por la forma. En el segundo caso, por un vínculo emocional, una identificación con el lugar y la marca: por el fondo.

En el amor pasa un poco lo mismo. Las relaciones no pueden ser algo condicional, porque entonces, cuando las circunstancias cambian, todo se tambalea. Al igual que siempre habrá un súper más barato, siempre habrá una persona más guapa, más joven o más lista. Esta es una autopista directa a la inseguridad que hace que nos fijemos todo el tiempo en lo que nos falta y no valoremos lo que somos y tenemos.

Así nacen personas muy exigentes consigo mismas que tienen miedo a equivocarse. Suelen ser muy eficaces, pero no siempre son felices, porque la emoción que aparece a raudales es la culpa.

Hay personas que quieren algo de nosotros; eso es interés. Y hay personas que nos quieren a nosotros; eso es amor.

El amor del bueno es el que no responde a condiciones externas, sino que se crea porque lo que atrae es la identidad que hay detrás de la persona amada. Es el que surge cuando nos valoran por ser quienes somos y no por lo que damos. Son aquellas relaciones en las que, aunque cambien las circunstancias, no se afloja el vínculo.

Pensemos en un muy buen amigo. ¿Se rompe la amistad si nos dice que ahora gana la mitad de dinero o nos confiesa que ha fracasado en la consecución de su meta? En absoluto.

A veces hay quien cree que va a ser más querido si saca un diez, ayuda a sus hermanos o no molesta demasiado a quienes le rodean. O, lo que es lo mismo, quien gana un buen sueldo, soluciona problemas a los demás o siempre está disponible.

Cuando aprendemos a diferenciar entre quien nos quiere por quienes somos y quien lo hace por lo que le damos, los límites se establecen por sí solos y la calidad de las relaciones mejora una barbaridad.

Para ponerlo en práctica, primero hay que deshacer la premisa mayor. El amor no es a cambio de nada. El amor es espontáneo o no es. Quien nos quiere porque le aportamos seguridad no nos quiere a nosotros, lo que quiere es la seguridad que le proporcionamos. Lo mismo ocurre si nos quiere porque le ofrecemos autoestima, estatus o visibilidad. Quiere esos conceptos, pero no nos quiere a nosotros; cuando dejemos de dárselos, dejaremos de ser atractivos para él.

Aunque des lo mejor de ti, nunca será suficiente para la persona equivocada. Sin embargo, seas como seas, valdrás la pena para la persona correcta.

Cuando tenemos relaciones por quiénes somos y no por lo que damos, podemos conectar con nuestros sentimientos, aceptarlos sin miedo y expresarlos. La herida de la falta de reconocimiento queda sanada en el momento en el que nos valoramos a nosotros mismos y nos permitimos recibir del otro sin culpa y con agradecimiento.

Cuando no nos amamos, tampoco sabemos recibir amor; pero a sentirse querido también se aprende. Así, cuando la calidad del amor hacia nosotros mismos mejora montañas enteras podemos valorar lo que el otro da sin sentir que no lo merecemos ni pensar que no es necesario. Claro que es necesario, y además es placentero. Amar también va de cuidarse y dejarse cuidar.

Llegados a este punto podremos querer sin condiciones, solo por el placer de amar. Podremos ver nuestra propia vulnerabilidad sin presión, sin sentido del deber ni sensación de estar bajo juicio constantemente. Ya no tendremos que demostrar nuestra valía a nadie más que a nosotros mismos. Y nuestras parejas podrán empezar a llenarnos en lugar de desgastarnos. Así, sí.

Miedo:	No ser suficiente
Apego:	Autoexigencia
Reacción:	Desconexión
Aprendizaje:	Sentir
Potencial:	Compromiso

LUNA EN ACUARIO Y EL MIEDO A LA IMPREVISIBILIDAD

(Luna en Acuario o en casa 11 o en tensión con Urano)

> Si os dan papel pautado,
> escribid por el otro lado.
>
> JUAN RAMÓN JIMÉNEZ

WOODY ALLEN
NO SE CASÓ CON SU HIJA

Acuario es el signo de lo diferente, de todo lo que se sale de la norma o es inusual. Woody Allen no solo es un personaje bien singular, también tiene una pareja, cuando menos, peculiar. Está casado con Soon-Yi Previn, la hija adoptiva de su exmujer Mia Farrow, por tanto, fue su padrastro antes que su marido.

Al principio la relación fue muy cuestionada por los medios. Salvo excepciones, lo habitual es que los demás frunzan la nariz ante las decisiones más transgresoras; si las llevamos a cabo, deberíamos asegurarnos de que no son fruto de un ataque de rebeldía, sino de una decisión con fundamento. Woody y Soon-Yi llevan más de veinte años casados y han adoptado dos criaturas. Dado que habrá que armarse de paciencia y argumentar cientos de veces por qué estamos con un guitarrista nómada o con alguien que no nos pega, por lo menos que valga la pena. Por eso quienes tienen la Luna en Acuario, como Woody, deben aprender a tomar decisiones sin buscar la aprobación ajena.

Acuario es el signo de la innovación y tiene la función de proponer nuevas opciones de relación para que la sociedad avance.

Con esto no estoy diciendo que tengamos que casarnos con nuestros hijos, sino que Woody, como todos los que tienen esta Luna, son genios y suelen ir treinta años por delante en su manera de pensar en general y en las relaciones en especial. Es su misión probar, hacer las cosas de diferente modo, buscar formatos nuevos y crear relaciones singulares tanto en el fondo como en la forma. Hay quienes se casan por el rito balinés y quienes deciden estar juntos viviendo en pisos separados. Hay quienes abren su relación a varias personas y hay parejas que comparten piso pero no tienen sexo. Aquí no hay normas, más allá de las que la pareja decida y honre. Esto es Acuario en las relaciones: libertad en su máximo apogeo. Ya habrá tiempo de que estas propuestas se asienten, y, posiblemente, al cabo de unos años entrarán dentro de la normalidad y quienes ahora les cuestionan copiarán su modelo.

Como he comentado, Acuario rige lo distinto, por eso a menudo se sienten incomprendidos o son la oveja negra de la familia. Por esta misma razón su proceso de sanación pasa por incluirlo todo, crear relaciones en las que nadie es más que nadie. Recordemos que el signo opuesto es Leo, que necesita reconocimiento y visibilidad para sentirse seguro. Aquí, la equidad es la protagonista. Woody Allen no vio a Soon-Yi como una hija de menor nivel jerárquico, sino como una igual. Para Acuario no hay nadie por encima de nadie, y todas las formas y propuestas son bienvenidas.

En este capítulo hablaremos de la mayor dificultad a la que se enfrenta esta Luna, el miedo al compromiso, y de su máximo poder, la relación entre iguales, el equipo en el amor.

EL MIEDO AL CAMBIO DE PLANES

Las personas con este código, sobre todo si Urano tensa la Luna, tienen en la memoria una situación en la que algún imprevisto o cambio de planes repentino no fue bien gestionado. Quizá sus padres se separaron sin que ellas lo vieran venir, tal vez nació un hermano o la familia se mudó y les costó adaptarse a la nueva normalidad. Estas situaciones vividas a contrapié generan que quienes tienen esta Luna adquieran un miedo a lo descontrolado, a que la vida tome las riendas y provoque cambios sin avisar.

Imaginemos a una madre que promete a sus hijas que las llevará al parque de atracciones el fin de semana y, a última hora, la pequeña coge fiebre y el plan se cancela. La hija mayor, que tiene la Luna en Acuario, aprende que, si no se emociona tanto, la siguiente vez le dolerá menos si las cosas se tuercen.

Si tenemos un amigo con esta Luna, puede ocurrir que desaparezca de nuestra vida de repente y aparezca al cabo de meses o años como si nada. Si se trata de la pareja, observaremos cómo se desconecta de vez en cuando y se vuelve a conectar, puede pasar semanas mostrándose muy frío y de pronto volver a estar superapasionado sin motivo aparente. Es su manera de no involucrarse, de no apegarse demasiado y así protegerse por si la relación se rompe y le pilla desprevenido. Es como si siempre estuvieran preparándose por si acaso.

El mecanismo de defensa de quienes tienen la Luna en Acuario es el desapego por miedo a que las circunstancias cambien de un momento a otro.

Para ellos el compromiso es difícil de gestionar porque en el fondo nunca lo hubo, y nadie puede entender algo que no ha visto. Si tú y yo no hubiéramos visto nunca una silla, no podríamos quererla ni necesitarla, ya que no sabríamos que existen y habríamos encontrado otras alternativas para descansar. Pues aquí ocurre lo mismo. La persona no ha experimentado un compromiso real, si la madre de la que te he hablado se hubiera dado cuenta de que había ilusionado a las niñas con llevarlas al parque y lo hubiera aplazado para otro día o hubiera compensado a la mayor, les habría demostrado que su palabra tenía firmeza. Al anular la salida con la misma facilidad con que la había prometido, su palabra perdió fuerza, con lo que transmitió a sus hijas la sensación de que a veces cumplía lo que decía y otras no. Cuando crezcan, si una pareja les promete amor eterno lo pondrán en duda, porque en la vida pueden pasar mil cosas.

La libertad conlleva responsabilidad, por eso a la mayoría de las personas les aterroriza.

Cuando lo dejé con mi primer novio, tenía veinte años y quedé con mi amiga Elena para contárselo y proponerle un viaje a Tailandia en verano, ya que las dos estábamos solteras. Era Navidad y me pareció una buena idea reservar los billetes con mucha antelación, salían más baratos. Pero, claro, ella tiene la Luna en Acuario y casi le dio un parraque cuando se lo dije. Con tantos meses de por medio podía pasar un millón de cosas y no estaba dispuesta a perder aquel dineral. Los acabamos comprando en julio, al doble de precio pero con la seguridad de que las posibilidades de anularlo se habían reducido al mínimo. Menos mal que fue un viaje alucinante y cada euro invertido en los vuelos valió la pena.

A los que tienen la Luna en Acuario les asusta planificar; suelen sumarse a los planes, sea un viaje o una cena, en el último momento.

Aunque eso parezca una solución al problema no lo es: quienes están al otro lado sienten que nunca pueden contar con ellos con seguridad. Pero que no cunda el pánico, en el próximo apartado explicaré lo que entendí de esta Luna en ese viaje y cómo sanarlo definitivamente. Sigue leyendo y te prometo que en pocas líneas harás un clic brutal.

EL APEGO A LA LIBERTAD

Otra conducta clásica de quienes tienen esta Luna es confirmar su asistencia a una cena en el último minuto, ya que creen que si al final no les apetece o surge un plan mejor, dejarán tirados a los primeros. Entonces aparecerá la culpa y se verán obligados a ir. Por eso creen que evitando el compromiso serán libres de decidir al momento qué quieren hacer, sin obligaciones. Con las relaciones les pasa lo mismo, cuanto más se atan a alguien más se ahogan, porque piensan que si cambian de gustos herirán al otro o les harán daño a ellos si el cambio viene del otro.

Lo que da miedo no es lo imprevisto, sino las consecuencias emocionales que conlleva.

A la vuelta del viaje a Tailandia con Elena hicimos una escala en Abu Dabi y el avión que nos tenía que llevar a Barcelona no había salido de la ciudad de origen. ¿Te estás imaginando a dos amigas tiradas en el aeropuerto con sus monumentales mochilas en la espalda? ¡Nada más lejos de la realidad! La aerolínea puso limusinas para todos y nos distribuyeron en hoteles de cinco estrellas por toda la ciudad hasta el día siguiente, cuando salió el avión que nos habían asignado. Dábamos saltos de alegría, ya que la mayoría de los que íbamos a tomar aquel avión éramos jóvenes mochileros que no habíamos dormido en un colchón decente en las últimas tres semanas, y de repente estábamos en suites de lujo, con bufet libre incluido, sin pagar ni un céntimo.

Como nos ocurrió con el avión de Abu Dabi, la clave está siempre en la compensación. Anular la asistencia a una cena porque sí es muy distinto de explicar que uno no quiere ir a medio gas porque valora la amistad y convoca otra cena para el viernes siguiente e invita a todos a una copa de vino.

Si se asumen las consecuencias de un cambio, este puede producirse sin culpa ni daños colaterales.

Hay algo muy sensato en esta Luna: ha entendido que la vida es imprevisible y pedirle a alguien amor eterno es una falacia. Nadie puede saber qué sentirá dentro de diez años, como tampoco podemos saber qué pensaremos dentro de media hora. No elegimos nuestras emociones, no somos dueños de nuestra evolución, por tanto, no podemos ofrecerla como moneda de cambio.

El único compromiso que existe es el de la buena voluntad de cuidar al otro cuando estemos frente a un movimiento que le afecte.

De este modo, los imprevistos ya no suponen un problema que distancie a la pareja, sino una oportunidad de escucharse y conocerse. Así, la relación puede evolucionar y permitir a los dos miembros que la componen caminar hacia donde quieran con seguridad y tranquilidad.

Pero ¿qué pasa si en esta honestidad vemos que los caminos evolutivos se distancian y son incompatibles para las dos personas? Aquí es donde se necesita la valentía para vivir esta Luna como corresponde. La libertad conlleva responsabilidad y a veces habrá que elegir entre estar juntos o ser libres para seguir cada cual su camino.

QUE NO PAREZCA UNA RELACIÓN

Hasta ahora he hablado de la herida que tiene esta Luna, del fondo de la cuestión. Pero falta contar cómo se sienten cómodos para que todo encaje y podamos mantener con ellos relaciones con éxito.

Lo primero que debemos saber es que para quien tiene la Luna en Acuario la amistad es algo primordial. La familia es la que es, y a veces se puede contar con ella y a veces no. En ocasiones nos sentimos afines a nuestros orígenes y en ocasiones no. Y los nacidos con esta Luna buscan ampliar el círculo de amistades a fin de encontrar cobijo; si no los acogen unos, lo harán otros, amigos siempre hay. Pedirles que se alejen de sus amistades es como pedirle a una leona que no defienda a sus cachorros. Morderá. Es una exigencia inviable. Al contrario, cuanto más aceptemos y fluyamos con su entorno, más a gusto se sentirán con nosotros. Porque para ellos sus amigos son, de alguna manera, su familia.

Uno de los vínculos con el que se sienten más cómodos quienes tienen la Luna en Acuario es aquel que parece más una amistad que una relación de pareja.

A los nacidos con esta Luna les gustan los derechos más que las obligaciones, en el sentido de que no necesitan mandar mensajes cada media hora ni estar todo el tiempo pegados a su pareja. Al contrario, cuanto más espacio haya entre los dos, mejor. Si alguien puede gestionar bien una relación a distancia, o en la que ambos miembros no estén mucho tiempo juntos, son ellos.

La amistad suele ir acorde con nuestra propia evolución. Cuando las mujeres estamos embarazadas nos relacionamos con otras embarazadas, cuando queremos emprender nos unimos a otros emprendedores y cuando estamos de duelo buscamos a quienes están pasando por algo similar. Pero no deberíamos sentir la obligación moral de quedar con compañeros del colegio si no están en un momento parecido al nuestro, porque eso no nos ayuda a avanzar, más bien al contrario, nos ata al pasado y Acuario es signo de futuro.

Este signo no entiende de ataduras ni de convenciones éticas. No digo que no sean leales, me refiero a que la antigüedad no es un argumento de peso, pero sí lo son los intereses comunes de cada momento.

Los acuarianos son como los gatos, hay que dejarlos a su aire: cuanto menos los llamemos, más vendrán; cuanto menos se les ate, más cerca los tendremos; cuanto menos se les exija, más se comprometerán.

CÓMO COMPROMETERSE
SIN AHOGARSE

Para ponerle la guinda al pastel tendremos que reformular el concepto de libertad, tan importante para esta Luna pero tan esclava de él al mismo tiempo. Una vez vino a mi consulta un adolescente que afirmaba con rotundidad que nunca se casaría porque no quería pertenecer a nadie. Creía que rechazar toda forma de compromiso lo liberaba. En realidad, las cosas no eran así. Su aversión a un anillo procedía del mal matrimonio que había visto en sus padres, con maltrato psicológico incluido; su herida, por tanto, estaba decidiendo por él. Habría sido libre si no hubiera tenido una idea preconcebida sobre qué hacer y, llegado el momento de conocer a alguien, se hubiera podido plantear qué opción elegir.

El apego a la libertad es como cualquier otro; quien lo hace todo en su nombre crea el mayor grillete que existe.

Quien necesita remarcar mucho que es independiente y que no quiere que nadie le ate es porque tiene un miedo asociado a ello y es esclavo de ese miedo. Libre es quien toma decisiones sin sentirse condicionado. La libertad tiene poco que ver con un anillo o una promesa, y mucho con el autoconocimiento y el tratamiento de los propios traumas y heridas.

La libertad es un estado interno, no algo que otro pueda darnos o quitarnos.

Todavía vamos a darle una vuelta de tuerca más. Quien necesita autodefinirse como libre atraerá autoridades represoras, porque así tendrá algo de lo que «liberarse». Eso está muy lejos de la pareja que queremos crear.

Cuando una persona se esfuerza en conocer bien lo que es, deja de tener que reivindicar lo que no es. No se trata de luchar por un mundo utópico, sino de crear un microclima a medida. Esa persona reclamará espacio y libertad, pero el reto está en también saber darlo. No quiere formas rígidas, pero tampoco deberá imponer las suyas. Entonces sí tendremos a una persona tolerante, amigable y respetuosa. No se me ocurre un amor más puro que el de quien ama otorgando al otro la libertad de ser él mismo, sin juzgarlo ni pedirle que se quede a su lado si eso no le aporta felicidad. Este es un amor adulto y consecuente, con espacio individual para que ambas partes puedan unirse sin fundirse.

Para Acuario, lo común es vulgar. Le atraen las personas que son originales, encuentra atractivo lo que se sale de la norma porque eso le hace sentirse libre de ser diferente él también, sin presiones ni convenciones sociales. Ahí aparecerá la complicidad de no tener que gustar a los demás, sino gustarse únicamente el uno al otro.

Se sentirá cómodo si la pareja le ayuda a crear una vida con sus normas y sus leyes, las que ambos pacten. Y si no hay que convivir no se convive, y si no hay que dormir juntos no se duerme, no importa lo que hace la mayoría de las parejas, sino lo que ellos dos decidan que les funciona. Para que nos entendamos, buscamos un *Bohemian Rapsody* de las relaciones, que para algo Freddie Mercury tenía la Luna en oposición a Urano. La que posiblemente sea la mejor canción de rock de la historia es una mezcla de estilos, se pasa por el forro la duración media de un tema y rompe con todas las normas establecidas hasta el momento. Pues eso, a sus pies Mr. Mercury, y a los de todos los que os atrevéis a innovar, experimentar y proponer modelos nuevos.

Ahí sí podrán comprometerse sin sentir ataduras, porque los dos miembros de la pareja habrán creado a su gusto y semejanza la forma del contrato; no será algo forzado que les genere rechazo, sino su formato ideal, del que no necesitarán huir.

**Nada es tan nuestro como aquello
que dejamos libre y no se va.**

Ahora podemos crear un tipo de relación a medida. Ahora ya hemos entendido que la libertad no es una rebeldía infantil sino un estado de madurez necesario para que todos asumamos nuestra parte del pastel. Ahora no aceptamos ataduras en forma de chantaje emocional ni cargas que no nos pertenezcan buscando la presencia constante del otro, ya hemos visto las consecuencias que trae en los ejemplos de los signos anteriores. Aquí tenemos a alguien con quien podemos contar para lo que necesitemos, siempre y cuando no lo necesitemos constantemente.

Llegados a este punto, ya podemos resolver la herida de la imprevisibilidad al entender que el cambio repentino es algo inherente a la vida, pero en lugar de huir de él podemos incluirlo, siempre y cuando cuidemos las consecuencias que tiene para los otros. Así podremos acceder a cambios más grandes, incluso estructurales, en las relaciones o en el ámbito que queramos, modificando aquello de lo establecido que no nos sirve y creando nuevas bases para los que vendrán detrás.

Ahora hemos visto que no hay una sola forma de vida o de amor, sino tantas como personas y parejas en el mundo, y que la felicidad pasa por encontrar la nuestra le pese a quien le pese.

Miedo:	Lo inesperado
Apego:	Libertad
Reacción:	Rebeldía
Aprendizaje:	Compensación
Potencial:	Igualdad

CÓDIGO 12

LUNA EN PISCIS
Y EL MIEDO AL ABANDONO

**(Luna en Piscis o en casa 12
o en tensión con Neptuno)**

✦ ♓ ✦

Meterme en ti, sin salir de mí.

Amar es eso.

MIKI NARANJA

EL MIEDO AL ABANDONO

Como niña de los noventa crecí cantando aquello de «Marco se ha marchado para no volver». Me atrevo a decir que la canción «La soledad» seguramente sonó en todas las habitaciones de las adolescentes del momento, que, ilusas de nosotras, no sabíamos que para muchas esos mensajes eran profecías a punto de cumplirse.

Para empezar, la propia Laura Pausini tiene la Luna en Piscis en tensión con Neptuno, así que su ejemplo nos va como anillo al dedo para explicar este patrón, mientras dejo su música de fondo e intento que no me caiga ninguna lágrima. Laura, chica, qué tristeza de álbum.

Hemos llegado al último capítulo, el último patrón que corresponde al último signo. El hecho de que sea el del final es importante a la hora de entender que es el más espiritual, el más avanzado, el que encuentra la felicidad compartiendo las reflexiones más abstractas y sutiles. Eso hace que no todo el mundo pueda entender a quienes tienen esta Luna.

Estamos frente a la herida del abandono, que no siempre se produce de forma física, porque los padres hayan estado ausentes, enfermos o poco disponibles. Que también puede ser, claro que sí. A veces la ausencia se vive porque no encuentran unos ojos cómplices que puedan entender lo que sienten, que estén a la altura de lo que intentan transmitir o que empaticen con lo que les está pasando. Por eso se vuelven introspectivos, sensibles y muy imaginativos.

Cuando esto sucede crean una zona de confort en sentir la ausencia de los demás; a menudo están ausentes para sí mismos sin que siquiera se den cuenta de ello. Y eso tiene consecuencias, por ejemplo, tratar de buscar desesperadamente que otros llenen ese vacío bajando el listón y deshabilitando todos los filtros. Cualquier cosa con tal de no volver a sentirse solos, con tal de que no les vuelvan a abandonar. Y claro, una mala pareja puede ser el peor desamparo.

> **Cuando aprendemos
> a llevarnos bien con la soledad,
> dejamos de someternos
> a cualquier compañía.**

Si lo recordamos, el patrón opuesto era Virgo, analítico, meticuloso y detallista. No se le pasaba una. Aquí tenemos una base bastante más fantasiosa y evasiva. Vamos a explicar esta Luna, desde su miedo al abandono, hasta su máximo potencial, el amor incondicional y la magia romántica digna de una novela de Corín Tellado.

CÓMO LLENAR EL VACÍO EMOCIONAL

Cuando alguien se ha sentido desamparado en algún momento de su existencia, coge miedo a verse obligado a afrontar los retos que la vida le pone por reticencia a tener que hacerlo solo. Cree que precisamente por tenerlo que gestionar individualmente no lo sabrá hacer; entonces el mecanismo de defensa que se activa es la desconexión de la realidad, la fantasía y la evasión. Se encierra en su propio mundo, no quiere estar presente, no quiere ver, para no tener que afrontar la realidad.

Cuando no sabemos cómo decirle a un niño que el abuelo ha fallecido y le contamos que está en el cielo, le engañamos para huir de algo que nos incomoda gestionar. Pues quienes tienen esta Luna hacen un poco lo mismo, autoengañarse, soñar y crear historias imaginarias para no afrontar las que tienen delante. «Tantas páginas hipotéticas para no escribir las auténticas», decía otra canción de la Pausini.

Vivir de ilusiones en el terreno del amor ya sabemos cómo acaba. El príncipe azul que iba a salvarnos de todos los males resulta que es una persona normal y corriente que ni saca la basura ni se acuerda de nuestro cumpleaños.

Cuando fantaseamos, corremos el riesgo de enamorarnos de esa idea imaginaria del otro y no de quien realmente es.

Idealizar al otro es tan peligroso como idealizar el amor en sí mismo. Hay mucha gente enamorada de tener una relación pero no de su pareja y, por no verse solos otra vez, perdonan lo imperdonable o se resisten a acabar con algo que les está rompiendo por dentro. Quieren sentirse acompañados, queridos, y buscan la presencia ajena para tapar su herida. Ahí pueden perderse una de las cosas más valiosas entre los dos miembros de una pareja, la dignidad.

La falta de dignidad simboliza la falta de autoestima, la complacencia hacia el otro que todo lo justifica; el fin último es que el otro no se vaya, que no nos deje solos otra vez. Pero abandonarse a uno mismo es la peor forma de soledad posible aun estando en pareja.

**Nadie puede abandonarte a menos
que te hayas abandonado tú primero.**

Las rupturas les cuestan tanto a los nacidos en esta Luna porque gran parte del duelo se basa en soltar todo aquello que hemos soñado que haríamos en pareja y ya no podrá ser. Hay que hacer un duelo de la vida imaginada casi más que de la real. Es absolutamente necesario tener los pies en el suelo cuando la relación empieza y analizar de verdad cómo es la persona que tenemos enfrente, y cómo somos nosotros en todas nuestras facetas. Sin miedo a que el resultado de ese análisis sea que quizá no va a poder ser. Mejor verlo antes de empezar que vivir en una agonía constante tratando de evitar lo que está condenado a pasar.

**Busquemos pareja cuando nos veamos
preparados, no cuando nos sintamos solos.**

Para conseguirlo, tenemos que hacernos amigos de la soledad, y eso implica cambiar las creencias que tenemos sobre ella. Para empezar, habrá que diferenciar entre el desamparo que puede vivir un niño y la soledad que puede sentir un adulto. Los jóvenes no tienen opciones, me refiero a que los padres que les han tocado son lo que son, y si estos no les entienden o no les llenan no pueden cambiarlos. Lo mismo ocurre con los compañeros de colegio o los vecinos de enfrente. No pueden cambiar su entorno precisamente porque son pequeños y no saben cómo proceder. Por eso la única opción que tienen cuando el entorno no les satisface es refugiarse en sí mismos. Pero, claro, lo que encuentran dentro son los pocos recursos que puede tener un niño, de modo que el miedo está asegurado. Se ven solos frente al mundo.

En cambio, cuando somos adultos sí tenemos mil y un recursos a nuestro alcance, y esto marca la diferencia. Si nuestra pareja no nos llena, podemos buscar otra; si nuestro jefe nos ridiculiza, podemos cambiar de empleo; si el terapeuta que nos lleva es un cero a la izquierda, le daremos puerta y buscaremos uno mejor. El terror a que no haya nadie disponible para ayudarnos es solo un recuerdo, puesto que las premisas no son las mismas ahora que de pequeños. Para un niño no hay opciones, para un adulto hay infinitas.

Ahora entendemos que los mecanismos evasivos son el bote salvavidas para un niño. Como no se siente capaz de afrontar solo lo que hay, únicamente le queda la opción de intentar evitarlo a toda costa. En cambio, un adulto, lo único que consigue huyendo de la realidad es eternizar el problema. Será imprescindible identificar los mecanismos evasivos que usamos a diario y cortarlos de raíz.

Hay algunos fáciles de ver: el alcohol, los estupefacientes y todas aquellas sustancias que nos ayudan a no estar presentes o no sentir. Pero hay conductas que cumplen con la misma función, por ejemplo, la comparación con los que están peor, las excusas o la falsa espiritualidad. Hablamos de esa delgada línea entre la afirmación «Lo que es para ti te encuentra» y el tener que hacer algo para conseguirlo. Ya sabes a qué me refiero.

Para revertir esta tendencia evasiva habrá que crear hábitos que propicien la conexión, por ejemplo, pasar momentos a solas poniendo la atención en cada sentimiento que aparezca, con técnicas como la meditación o el *mindfulness*. Esta es una Luna muy creativa, así que también servirán la música, el baile o la pintura, para procesar emociones. En realidad, la herramienta da igual; se puede meditar incluso de paseo o practicando deporte, lo importante es hacerlo a solas y recordar que para mirar dentro el requisito principal es la valentía, porque a veces lo que encontraremos no será lo que nos gustaría, pero es la verdad, y de ella no podemos escapar.

No se trata de ser espirituales, se trata de ser honestos con nosotros mismos.

Quizá para Laura Pausini la manera de conectar con sus sentimientos era darles forma de canción, ya que empezó a componer con ocho años. Y quizá para muchos de nosotros fue precisamente escuchar sus canciones y vernos reflejados en ellas. Lo bonito es darnos cuenta de que al final todos somos lo mismo, todos queremos ser amados, todos tememos el abandono, de una forma u otra.

Cuando bailamos con nuestros sentimientos, estamos uniéndonos a todos los que sienten esa misma emoción. Si conectamos con nuestra tristeza, podemos comprender la de los demás. Y así nos acercamos al otro. De ahí surge la empatía, del hecho de sabernos iguales, de poder entendernos, porque, aunque pasemos por circunstancias distintas, a todos nos une llorar, reír y amar. De repente nos sentimos comprendidos por todos y podemos comprender a todos. Aquí tenemos el primer paso de la sanación, la conexión universal. Continuemos.

LA PAREJA NO ES UNA ONG

La mayoría de las personas con la Luna en Piscis sienten la necesidad constante e incontrolable de ayudar a los demás. Mejor dicho, de salvarlos. La diferencia es que ayudar es ofrecer acompañamiento, pero salvar es directamente coger como propio el problema de otro, porque así la mente se distrae con el percal ajeno y no mira el propio. Salvar compulsivamente a otros es una conducta evasiva más.

Mientras estamos pendientes de los problemas de los demás no atendemos a los nuestros y creamos otra forma de autoabandono.

Es habitual que quienes poseen esta Luna sientan especial compasión por los desfavorecidos o los más vulnerables. Como acabamos de explicar, cuando conectamos con nuestros sentimientos, automáticamente nos unimos a los ajenos. Esto está genial si queremos colaborar con una ONG o pertenecer a un partido animalista, pero cuando hablamos de las relaciones la cosa se complica. Sentir lo que sienten otros no significa que sea nuestra responsabilidad hacernos cargo de ello. Este es uno de los motivos por los cuales la tristeza es la emoción básica de esta Luna, ya que nos habla de agotamiento y nos propone parar para recargar pilas y recuperar el centro de nuestro ser.

Si esto lo llevamos al terreno sentimental, hay que dejar claro que una pareja no puede ser una ONG en la que uno sostenga constantemente los problemas del otro. Este es uno de los peajes que se suelen pagar por error, mezclar amor incondicional con permitirlo todo, y, claro, nos volvemos a dejar a un lado.

No confundamos amar con aguantar, ni aceptar con tragar.

Es normal que eso ocurra, puesto que quien se ha sentido solo puede pensar que sana su herida intentando que nadie más se sienta así. Cogen el teléfono a cualquier hora, muestran su disponibilidad cuando alguien lo está pasando mal o se desviven por mostrar su comprensión. Pero eso no sana nada, solo es una proyección de manual.

La manera de llenar nuestra soledad no es llenando la ajena sino la propia, escuchándonos y haciéndonos cargo de nuestros problemas sin esperar que otros nos los solucionen (recordemos que en eso se basó el origen de la herida).

La única forma de llenar nuestro vacío es convertirnos en la persona que jamás nos abandonará.

Para conseguirlo tendremos que atender a nuestras necesidades, estar pendientes de nuestros problemas, mostrarnos presentes en nuestra vida y amarnos incondicionalmente, estemos arriba o estemos abajo. Cuando estamos llenos podemos dar todo lo que queramos a los demás, con la tranquilidad de quien sabe que la fuente se seguirá llenando eternamente porque esa fuente es uno mismo. Cuando vemos que el amor ya no cabe en nuestro interior, entonces es el momento de dar. La compasión es una abundancia de amor que se derrama por cada poro de la piel empapando a quien está cerca.

Si damos esperando que ese acto nos llene, lo que conseguimos es vaciarnos aún más. En cambio, cuando primero nos atendemos y nos llenamos, es inevitable que nos apetezca dar y compartir, y entonces el acto de ayudar a los demás se vuelve placentero y el mayor amor que podemos experimentar.

Quien da lo que no tiene se siente aún más vacío, pero quien da lo que tiene se llena todavía más.

Hay personas que se sentían solas pero han aprendido a amar esa soledad convirtiéndola en la vía para escucharse, atenderse y disfrutar de la compañía que se hacen a sí mismas. Son las que no necesitan ayuda pero la dan y reciben con amor, disfrutando del intercambio desinteresado.

Las cosas empiezan a ponerse verdaderamente interesantes, ¿verdad? Sigamos, que todavía hay más.

EL PODER DE LA INTUICIÓN

Como hemos visto, quienes tienen esta Luna son muy sensibles a las energías de las personas y los lugares, y a menudo mezclan sus emociones con las de los demás, por eso les resulta difícil saber qué es propio y qué de la pareja. Amarse a uno mismo implica saber hasta cuándo quedarse en un lugar y dónde está el límite más allá del cual la empatía deja de ser una virtud. El retiro es el gran aliado para poder encontrar claridad y poner barreras sanas.

La capacidad de sentir las energías más sutiles del entorno será la gran guía de los nacidos en esta Luna. La intuición no es una invención que a veces acierta y otras no, estamos hablando de la profunda escucha de sensaciones que nos proporciona una seguridad interna abismal. Es ese saber algo aunque no sepamos cómo lo sabemos. Y esa escucha se aprende y se practica.

Nadie nos enseña a saber. Encontramos respuestas escuchando nuestro corazón en silencio.

Voy a ponerme muy personal, pero creo que lo que contaré ayudará a entender a la perfección lo que estoy explicando. Yo no tengo esta Luna, pero tengo este signo muy fuerte en mi carta, y he vivido experiencias alucinantes. Cuando me mudé al piso en el que vivo, me sentía rara en el nuevo barrio y, para hacerme con la zona, busqué bares a los que pudiera ir a trabajar por la tarde. Un día, mientras paseaba sin rumbo, me fijé en una pequeña tetería. Apenas había clientes y una chica oriental me animó a entrar con su sonrisa dulce y delicada, así que, aunque no me gusta el té, entré para tomar un rooibos y trabajar un rato en el ordenador.

La energía de ese lugar me atrapó y empecé a ir con asiduidad. Cuando me sentaba a una de las mesas de madera y daba pequeños sorbitos de té notaba que las ideas acudían a mí con mucha facilidad y que la creatividad fluía como si las musas vinieran a visitarme. En una de esas ocasiones se sentaron a mi lado dos chicos que preparaban un máster en Crecimiento Personal y, al ver que yo tenía una carta natal en la pantalla, me preguntaron si sabía astrología y si les podía responder una duda que tenían sobre la compatibilidad entre ambos. Lo que empezó casi como un juego dio paso a una amistad formidable. Su proyecto no evolucionó pero uno de ellos sacó su propio curso del que fui profesora unos años y el otro…, ay, el otro…, tres años más tarde nos casamos en ese mismo lugar.

Lo mágico de esta historia es que a mí ni siquiera me gusta el té, pero algo de ese sitio me llamó, dejé lo racional a un lado y permití que la vida me empujara hacia donde tenía que ser. De ahí saqué amistades, clientes, proyectos e ideas. Lo mismo me pasó con el piso en el que ahora vivimos, ni siquiera tiene los metros cuadrados que necesitamos, pero es el lugar donde sentí que teníamos que quedarnos. Me sucede incluso en algunas consultas en las que digo cosas que no sé de dónde las he sacado, como si algo superior a mí me las chivara. Con eso no quiero que a nadie se le vaya la cabeza, porque precisamente en estos terrenos es imprescindible mantener la cordura, pero, dentro de un pragmatismo sano, podemos entrenar la escucha activa de lo que vamos sintiendo al dar paso a esa voz tan cómplice llamada «intuición».

La intuición es el susurro del alma que nos aporta sabiduría interna allí adonde vayamos.

Antes de cambiar de tema no quiero que se me escape algo, ya que, al estar potenciada la comunicación interna, la externa se puede resentir. La sensibilidad es lo que tiene, que uno puede estar muy conectado consigo mismo, pero saber trasladar eso hacia fuera es harina de otro costal.

Quienes tengan esta Luna deberán ayudar a su pareja para que comprenda el tsunami de emociones por el que pasan. No obliguemos al otro a deducir cosas ni demos por sentado que los demás gozan del mismo talento intuitivo, porque entonces los malentendidos estarán asegurados. Ahora sí, vayamos al remate final.

EL AMOR INCONDICIONAL EN LA PAREJA

Ahora ya conocemos la herida de la que venimos y sabemos que el desamparo es solamente un recuerdo en nuestra memoria. Ahora hemos encontrado en la soledad nuestra mejor aliada para conectar con nuestras emociones y usar nuestra voz interior como guía. Ahora sabemos estar por nosotros y podemos mandar al garete a quien venga con migajas de amor. Ahora ya no tememos que nos abandonen porque sabemos que no es posible si nosotros no nos abandonamos primero. Ahora le hemos dado la vuelta a la tortilla.

Quien no teme la soledad, no paga cualquier precio por la compañía.

Ya podemos empezar a experimentar la verdadera fusión con otro sin perdernos en él. Ambas partes se conectan sabiendo que todo lo que se hace por uno repercute en el otro. Cuando uno crece, ambos crecen; cuando uno se ama, ambos son amados, y cuando uno es feliz, ambos rebosan de felicidad.

De esta forma, uno puede comprender cualquier circunstancia que el otro traiga sin juzgarlo, regañarlo ni culparlo. Por el contrario, con amor, dulzura y empatía le ayudará a solucionarlo o a vivirlo. Esto es amor incondicional: ser capaz de amar sin intentar cambiar al otro, viéndolo en su totalidad. Como habrás deducido, eso solo puede hacerse con otros cuando primero se ha hecho con uno mismo.

Este tipo de amor no implica dar sin esperar nada a cambio, no te confundas. Implica dar sabiendo que cuando uno da, en el fondo se lo está dando a sí mismo y, por tanto, el amor no correspondido no tiene cabida, como tampoco la tiene el engaño ni el desequilibrio.

Si buscamos pareja habiéndonos encontrado, el éxito será inevitable.

Se trata de buscar a alguien desde el corazón, no desde la razón. No atraigamos a quien cumpla con nuestra lista de deseos, como que sea rubio, alto o delgado. Centrémonos en cómo queremos sentirnos cuando estemos a su lado. Y eso tiene que ser un reflejo de cómo nos sentimos cuando estamos con nosotros mismos. Si alguien nos hace sentir como queremos, qué más da si es ruso o bajito. Eso será un añadido.

No busquemos aspectos concretos, centrémonos en cómo queremos sentirnos cuando estemos al lado de otra persona.

Aquí el detalle no es la base, lo que importa es el fondo, las sensaciones, el estado de paz que nos aporte. Para encontrar a la pareja ideal, hemos de empezar por ser nosotros mismos nuestra pareja ideal y tratarnos como queremos que nos traten, ir a los lugares donde nos sintamos como deseamos y rodearnos de las personas que vibren con cómo queremos ser. Así, al sentir energéticamente nuestras relaciones, solo podrá entrar quien viva acorde a ello.

Cuando lleguemos a este punto se habrá producido la magia que buscamos y podremos empezar a crear la pareja ideal. Como te anunciaba al principio, Piscis es el signo más romántico de todos, es la Luna del poeta y cantautor Leonard Cohen o de James Cameron, el director de *Titanic*, entre otros. Pero si somos sinceros, la mayoría de las cosas únicamente son románticas en nuestra cabeza. Cuando las materializamos se convierten en algo cotidiano, con sus defectos y problemas. Eso es aplicable al amor, a los hijos, al trabajo por cuenta propia, a hacer una película, escribir una canción e incluso al hecho de hacerse mayor. En nuestra mente todas esas son cosas maravillosas, pero en la práctica son caminos llenos de obstáculos que a veces nos incitan a tirar la toalla y buscar una realidad que en el fondo no existe.

Quienes tienen la Luna en Piscis necesitan seguir soñando con la pareja y que esa nube no se pierda. No hablamos de vivir en un mundo de luz y color que anestesie cualquier contacto con la realidad, sino de cuidar cada día para que sea único. Depende de nosotros conseguir que nuestra vida en pareja sea mágica y no perder el romanticismo que nos permita continuar soñando juntos manteniendo los pies en el suelo y admitiendo las dificultades de las cosas.

Ser tan románticos también tiene su lado bueno. El romanticismo, como la fantasía o la imaginación, describe cosas a las que cuesta poner palabras. Y, si nos fijamos, cuando hay demasiados motivos por los cuales podemos definir por qué nos gusta alguien, es que nos hemos ido a la cabeza, a la razón.

Lo que realmente importa no es preciso pensarlo mucho, solo sentirlo.

Dicen que cuando no hay motivo es verdadero amor. Si no podemos definir por qué nos gusta alguien es porque se trata simplemente de una suma de cosas que hacen que estemos a gusto con esa persona. Cuando encontramos motivos, posiblemente sea amistad o admiración o gratitud o puro deseo, y eso son derivados del amor pero no amor completo. Si lo definimos por una de estas cosas, siempre habrá alguien que pueda ofrecerlo y mejorarlo. Cuando sentimos deseo o admiración por alguien nos arriesgamos a que aparezca otra persona por la que sintamos más deseo o nos genere más admiración y, por tanto, la primera perderá interés. Cuando simplemente el sentimiento nos inunda casi sin saber definirlo, es imposible sustituirlo, aquí la competencia no existe.

Cuando aprendemos a atendernos, no sabemos por qué, pero de repente somos felices, conectamos con todos y nos abrimos al amor más grande, empezando por el que sentimos por nosotros mismos, por la vida y por todo lo que nos rodea. Es un poco hippy, lo sé, y también soy consciente de que al escribirlo estoy poniendo palabras a lo que casi no se puede ni racionalizar, pero quienes tienen esta Luna saben a qué me refiero. La plenitud no necesita ser explicada, se escapa por los poros, se vive en la mirada, inunda todo el cuerpo y se siente en el corazón. Cuando sientas eso, con quien sientas eso y donde sientas eso, ahí es.

Miedo:	Abandono
Apego:	Fantasía
Reacción:	Salvar
Aprendizaje:	Presencia
Potencial:	Fusión

YA ESTÁS PREPARADO PARA EL AMOR ¿Y AHORA QUÉ?

Ahora que estamos a punto de despedirnos me toca ser sincera y decirte que hay algo que no puedo prometerte porque no me corresponde a mí concederlo. No elegimos de quién nos enamoramos ni cuándo va a suceder. El amor nos posee, no somos nosotros quienes decidimos que venga. Pero también es cierto que sí depende de nosotros estar bien preparados para cuando ese momento esté destinado a llegar. De eso va este libro, de desbloquear lo que haya y aprender a amarnos aun cuando el amor no venga de una pareja, sino de nosotros mismos. Entonces se produce la verdadera magia, porque, si atraemos lo que somos, solo siendo amor vendrá amor.

Generar una relación de calidad con nosotros mismos crea la mejor de las circunstancias para que eso suceda también fuera y que el amor de pareja llegue en la mejor de sus versiones.

Durante mis años de soltería o con parejas desastrosas leí y me formé mucho sobre las relaciones. En la mayoría de los lugares me invitaban a cambiar mi forma de ser. Si era demasiado impaciente debía trabajar mis impulsos. Si era muy espontánea, me decían que eso asustaría a los demás, y que tenía que procurar ser más educada y formal.

Al final, lo único que conseguía era sentirme culpable, bajar mi autoestima y vivir con una autocensura constante. Pero resultados a nivel de pareja, pocos. Es como si me pidieran que dejara de ser mujer. No puedo. Pero sí puedo tratar de ser la mejor mujer que he conocido. Pues aquí se trata de lo mismo.

Si te fijas, en este libro no he animado a nadie a que cambie su forma de ser, puesto que nuestra carta siempre será como es, y es fantástico que así sea (no podremos cambiar el instante en el que nacimos). Por supuesto, todos necesitamos mejorar y corregir nuestros extremos, pero dentro de lo que somos, sin intentar ser alguien ajeno a nuestra naturaleza. Si tienes la Luna en Aries e intentas evitarla y convertirla en Libra, solo conseguirás frustrarte y no vivir bien ni Aries ni Libra. Si tienes la Luna en Aries, procura controlar la peor parte y disfrutar de la mejor. Eso sí está en ti y estará siempre.

Se trata de entender cómo funcionamos, aceptarlo y buscar personas a quienes eso les atraiga. Así, lejos de incomodarnos, las parejas suman, nos hacen sentir orgullosos de cómo somos y equilibran lo que nosotros mismos procuramos mejorar.

Espero que este libro haya sido un punto de inflexión para ti. Ahora ya sabes de dónde viene parte de tu carácter y por qué has atraído al mismo tipo de personas. Ya conoces tus heridas y el lugar desde el cual se creaban tus dinámicas. Trabaja esos temas de manera rutinaria, todos los días, como si fuera un hábito. Observa cómo se manifiestan en tu vida cotidiana con una amiga, con la panadera o con tus clientes. Y ve mejorando su forma con delicadeza, como si de una figura de barro se tratara. No queremos crear heridas nuevas, sino acariciar las antiguas hasta sanarlas.

Hasta ahora, apenas me he presentado astrológicamente, pero a estas alturas ha llegado el momento. Soy Aries de Sol y Luna. Como ves, me domina el signo de la lucha y en todos estos años he aprendido que muchas veces la peor guerra es la que libramos con nosotros mismos.

También me he dado cuenta de que el amor, como casi todo, es para valientes. Para los que tienen el coraje de salir de donde no son felices y apostar por la certeza de que habrá algún sitio mejor. También para los que no cesan en su empeño por encontrar lo que saben que merecen y no se conforman con menos. Para los que están dispuestos a trabajar en sus bloqueos y saben que tarde o temprano conseguirán vencerlos.

El amor puede tener muchas formas, géneros, cuerpos y contratos. Lo importante es saber que hay un amor para cada uno de nosotros.

Una buena relación se basa en tener algo sano, y sanar significa ser consciente del rol que desempeñamos en nuestro propio sufrimiento.

Ojalá con este libro hayas podido ver cuál es tu ficha en la partida y puedas empezar a dirigirla en lugar de que te mueva ella a ti. Guárdalo y recupéralo cuando lo necesites. Me encantará estar a tu lado cuando lo hagas. Porque pasará, todos lo hacemos, somos humanos. Pero ahora, por lo menos, lo detectarás con facilidad y podrás recolocarte al instante.

Si eres constante, con el tiempo conseguirás lo que buscas. Aunque a veces te entren las dudas, te puedo asegurar que el amor es una fiesta a la que todos estamos invitados. Tú también.

EL REGALO FINAL

Ahora estoy en ese punto de «Cuelga tú», «No, cuelga tú» en el que alargaría esta charla contigo hasta la eternidad. El tema de las relaciones da para mucho, y un libro se me queda corto.

Por eso he incluido de regalo el que posiblemente sea el aprendizaje más potente que te habrán enseñado nunca en el tema de las relaciones: la importancia de equilibrar lo masculino y lo femenino dentro de ti.

Escanea este QR y recibirás de regalo un audio en el que, entre otras cosas, te enseño:

- **Los principios del equilibrio interno.** Aunque lo ideal es vivir en el punto medio, todos tenemos una dominante. Cuanto más exagerada sea, más nos costará volver al centro para vincularnos de forma sana y fluida.

- **El desequilibrio en la pareja.** Si uno de los miembros de la pareja está muy descompensado, obligará al otro a irse al otro extremo para compensar. Si cada miembro de la pareja vive desde sus extremos, será imposible que haya entendimiento, las peleas estarán aseguradas. Así se crean las relaciones de alta toxicidad.

- **Cómo equilibrarse internamente para dar y recibir en armonía.** La mayoría de la gente cree que recibe menos de lo que da. Algunas personas saben recibir pero les cuesta dar. Cuando uno aprende a bailar en la justa proporción de ambos gestos convierte a la pareja en la mayor fuente de recursos que existe.

Si crees que con lo que te he explicado en el libro tienes más que suficiente, para y digiérelo con calma. Si crees que estás preparado para dar un paso más, recuerda que **si escaneas el QR de este apartado recibirás gratis un audio con un contenido de altísimo valor.**

Disfrútalo.

AGRADECIMIENTOS

A Ferran, por ser lo mejor que me ha pasado en la vida, mi fuente de inspiración y la mano que acompaña cada uno de mis pasos.

A Tàbata y Ginger, por enseñarme a ser madre, y a Jan, por convertirme en ella mostrándome el amor más puro e infinito que se puede sentir.

A mis padres, por quererse tanto, regalarme la vida y enseñarme a caminar por ella. A mis suegros, por ayudarnos siempre.

A Sandra Bruna, mi agente literaria, y a su equipo, por insistir en que escribiera cuando ni siquiera yo confiaba en que pudiera hacerlo. Si este libro es una realidad es gracias a vosotros.

A Francesc Miralles y Anna Sólyom, por su apoyo incondicional. Ellos creen que cualquiera puede ser una superestrella de la literatura y eso motiva mucho cuando tú eres esa cualquiera.

A Laura Álvarez, por apostar por este proyecto y convencer a todos de que valía la pena invertir en él.

A ti, lector, por tener este libro entre tus manos. Ese es mi mejor regalo. Muchísimas gracias por tu apoyo y confianza.

«Para viajar lejos no hay mejor nave que un libro».

Emily Dickinson

Gracias por tu lectura de este libro.

En **penguinlibros.club** encontrarás las mejores
recomendaciones de lectura.

Únete a nuestra comunidad y viaja con nosotros.

penguinlibros.club

Penguin
Random House
Grupo Editorial

 penguinlibros